家族3人を殺された私が、
憎しみを乗り越えた方法

伊藤 勇

GENTOSHA

JN049012

家族3人を殺された私が、憎しみを乗り越えた方法　目次

序章

ある日突然、家族三人の命を奪われた

第1章

前を向いて生きるために

第2章

言葉が今日と明日の自分を作る

第3章

心を守るために手に入れたスキル

第4章

自律神経を整え心を回復する

装幀：石川直美（カメガイ デザイン オフィス）
装幀写真：solarseven/shutterstock.com
出版協力：株式会社天才工場 吉田浩
編集協力：塚本佳子、萩一晶
DTP：美創

序章

ある日突然、家族三人の命を奪われた

事件の第一報は早朝のニュースだった

リビングの電話が鳴り始めたのは、早朝の六時ごろでした。

前夜から妙に体が重く、布団をかぶったまま電話には出ないでおこうかとも思ったのですが、家族は誰も起きようとしません。仕方なくベッドを抜け出し、寝ぼけ眼《まなこ》で受話器を持ち上げると、張り詰めた様子の男性の声が聞こえてきました。

「お義兄《にい》さん、どうか落ち着いて聞いてください」

すぐに、一歳下の妹と同棲している彼氏の声だとわかりました。受話器からは、隣にいるらしい妹がすすり泣く声も響いてきます。

「こんなに朝早くから、いったい、どうしたんだろう」と、ぼんやり考え始めたとき、思いもよらぬ言葉が耳に突き刺さってきたのです。

「昨日の夜、ご両親と三葉さんの三人が亡くなりました。いま、ニュースでやっています。すぐにテレビをつけてください」

一瞬、意味がわからず、「ええっ、何言ってるの？」と返事をしたような気がします。とにかく電話を切り、言われるがままテレビのスイッチを入れると、画面には両親が暮らす横浜市鶴見区のマンションの映像が現れました。そして父、母、二番目の妹という私にとって何より大切な家族三人の名前と年齢がテロップで流れ、そこには「死亡」と書かれていたのです。

父・泰仁（四十九歳）、母・幸子（四十八歳）、妹・三葉（十九歳）

二〇〇三年六月十一日早朝。
これが、あの忌まわしい事件の第一報でした。
突然の知らせに私はすっかり動転し、心臓は早鐘のように鳴り始めました。

心の中で何度も、「これは悪い夢だ」と信じようとしました。しかし、まぎれもない現実であることは否定しようがありません。気がつくと涙があふれ、「嘘だろ！」「なんでだ！」と叫びながら、こぶしを床に打ちつけていました。

異様な雰囲気が伝わったのでしょう。まだ小さかった子どもたちも、いつの間にか起きてきて、私の様子を見て驚き、泣き出してしまいました。看護師の妻も、呆然と立ち尽くしています。

その段階では、まだ事件の全貌はよくわかってはいませんでしたが、驚いたことに、もう一人、誰かわからない男が現場で死んでいる、というのです。

私は、すぐに警察に電話をかけました。自分は一家の長男だと名乗り、「何があったのですか？」と勢い込んで尋ねました。しかし、電話に出た刑事からは「まだ捜査中なので何も答えられない。二時間後に鶴見警察署に来てください」との指示が返ってくるばかりでした。

両親が自殺なんか、するはずがありません。

なぜ死んだのか。いったい何が起きたのか。もう一人の人物とは誰なのか――。

ぐるぐると回る思考に押しつぶされそうになった私は、当時住んでいた神奈川県川崎市の自宅を飛び出すと、まずは神社に向かいました。神様に祈りをささげ、どうにかして心を落ち着かせようと思ったのです。

そして、ようやくタクシーをつかまえた私は、警察へと急ぎました。

ベテラン刑事に一喝された青二才

当時、私は二十八歳。骨格の歪みを手技で調整するカイロプラクターとなり、東京・蒲田に念願のカイロプラクティック院を開いて、まだ一年も経っていませんでした。幸い、事業はブームにも乗って当たり、客足は順調に伸びて、少し得意になっていたころです。

その程度の若造に、家族三人を一度に失うような大事を受け止めきれるはずがありません。すっかり憔悴しているのが、すぐに見てとれたのでしょう。鶴見警察署に到着し、被疑者が取り調べを受けるような肌寒い小部屋で待っていると、入ってきたベテランの刑事さんからいきなり一喝されたのです。

「くよくよ、なよなよ、泣いてる場合じゃねえよ」

当然、慰めてくれるものとばかり思っていた私は、逆に叱られたことで動揺し、傷つきました。そして腹が立ちました。「冗談じゃない。あんたに怒られる筋合いはないよ」とも思いました。でも、思わず背筋がシャキッと伸びたのは事実です。

いま思うと、あれは刑事さんなりの「慰め」の言葉だったのでしょう。

どんな事件なのか、まだよくわかってもいない段階で、私はすでに打ちひしがれていたわけです。事件をいくつも扱い、何人もの遺族と対面してきたはずのベテラン刑事さんから見ると、「これでは現実に対処できないかもしれない」と心配になったはずです。

「お前は長男だろう。やることがいっぱいあるだろう。それを、ちゃんとやれ」

そんな思いで、声をかけてくれたのだろうと、いまでは思っています。

まさに、私に「活」を入れてくれたのです。

暴力から逃げ出した妹

現場で何が起きていたのか。刑事さんの説明でわかってきました。

三人は無残にも殺されていたのです。部屋で見つかった、もう一人の男による犯行でした。二十四歳の男が三人を殺し、自らも命を絶っていました。

しかも、この男は妹の三葉が直前まで交際していた相手だったのです。

三葉は私より九つも年下ということもあり、可愛くて仕方のない、自慢の妹でした。二男二女という四人きょうだいの末っ子で、家族みんなから愛され、大らかに育っていました。私が中学生のころ、母の代わりに自転車で保育園に迎えに行くと、嬉しそうにトコトコと駆け寄ってきたのを覚えています。可憐な容姿がいつも周りの目を引き、中学時代には女子仲間の嫉妬を買って、小さな嫌がらせをされたこともありました。

そんな妹が高校を卒業し、アルバイト生活を始めたころ、たまたま出会ったのが五つ年上のこの男でした。見そめられて口説かれ、付き合うようになりました。男が母親と暮らす鶴見区内のマンションで同棲を始めたのが、事件の三カ月前のことです。

その後、赤ちゃんができたことがわかり、ちゃんと結婚しよう、という話も持ち上がりました。仲良しの姉には胎児のエコー写真を見せ、「早く生まれてこないかな」と、嬉しそうに話していたそうです。

ところが、男との関係がだんだん危うくなってきました。最初のうちは優しかった男の態度が変わり、手が出始めて、妹はＤＶ（ドメスティック・バイオレンス）の被害を受けるようになったのです。

母と妹は当初、そのことを私に隠していました。男を叱りに行ったりしたら関係がさらに悪化する、と危惧していたのだと思います。ただ、三葉が我が家に遊びに来たとき、腕に紫色のアザのようなものを見つけて私も初めて気づき、心配し始めたころでした。私たち家族が「ぜひ一緒に食事でも」と男を招いても、挨拶にも訪れなかった理由が、ようやくわかったのです。

ついに耐えきれなくなったのでしょう。三葉は六月初め、逃げるようにして実家に舞い戻ってきました。事件のわずか一週間ほど前のことです。

ストーカーと化した男の非道な「決意」

子を産むべきか、堕ろすべきか——。

実家に戻ってからも、三葉の心はまだ揺れていました。

両親はいつも、私たち子どもの希望を最優先にし、背中を押してくれる力強い存在でした。このときも母は、三葉に対して「人生はこれからが長い。まだ若いんだから、子どもはあきらめたら」と諭す一方で、「どうしても産みたいのだったら、みんなで応援するよ」と励ますことも忘れず、娘の気持ちを大事にしていました。私もまったく同じ気持ちでした。

しかし、この間、両親宅には夜中の二時、三時でもお構いなしに、男からひっきりなしの電話がかかってきていました。携帯に出ない三葉を電話に出すよう、しつこく求め、駐車場で待ち伏せしていたこともあったと、あとから聞きました。

事件の数日前、男がストーカーと化しているという話を聞き、不安を募らせた私は、「一度会って何とかするよ」と母に伝えたのですが、「ちゃんと話をしたからもう大丈夫。彼もわかってくれたから」という言葉が返ってきました。実際、母は本気でそう信じていたのだと思います。

残念ながら、その信頼が仇《あだ》となりました。わかってくれるような人間ではなかったのです。ちゃんと話をしたことが、裏目に出てしまったのです。

赤ちゃんはあきらめて、新しい人生に向けて再出発しよう——。

三葉がとうとう、そんな決心をしたと知った男は、ついに捨て鉢になり、心の奥で非道な決意を固めていたのです。

惨劇に奪われた、平凡な夫婦の平和な暮らし

警察署でひと通りの説明を受けた私は、身内の代表として、すぐに現場検証に立ち会うことになりました。

最初は父方の叔母も「一緒に行く」と気丈に言い張っていたのですが、現場がどれ

ほどの惨状か、想像がつきます。叔母が見たらきっと、トラウマに苦しむに違いない。そう思った私は、「いいから、いいから」と連れて行きませんでした。そんなつらい役割は、私一人で十分だと思ったのです。

刑事さんの車に乗せられ、いまでは凶行現場となったマンションの入り口に着くと、待ち構えていた大勢のテレビカメラマンから一斉にレンズを向けられました。バシャバシャと写真も撮られました。

それがメディアの仕事なのはわかっています。でも、そこには遺族への配慮が少しもうかがえず、むしろ野次馬の興味本位のようなものを感じました。刑事さんが代わりに怒ってくれ、ほっとしたことを覚えています。車を裏口に回してもらい、ようやく建物の中に入ることができました。

マンションは、その年の一月に完成したばかりの新築の七階建て。両親は三階の一室に入居して、新居での暮らしを楽しみ始めたばかりでした。

どこにでもいる夫婦の、ぬくもりに満ちた平凡な暮らし。その平和な日常は、惨劇によって血塗られ、根こそぎ奪い去られていました。

室内に入ろうとしたら、玄関付近は血の海で、外の廊下にまで血だまりが広がっていました。遺体はすでに運び出されたあとだったのですが、部屋の壁に飛んだ血しぶきが事件の異常さを物語っていました。

三葉の寝室に入り、ベッドの布団が鮮血に染まっているのが目に入った途端、あの可愛かった妹が、わずか十九歳で、こんなふうに命を奪われたのかと思うと不憫でならず、胸が締めつけられました。

現場を見て、詳しい話を聞いて、ようやく事件の全貌が飲み込めました。

男はなぜか自分の母親と一緒にマンションに押しかけ、オートロックを突破して三階までたどり着いたものの、入室を許さない私の母や妹とドア越しに問答をしていたそうです。

しかし、激昂した男はいきなり通路側の防犯格子を壊し、窓から無理やり、三葉の寝室に侵入。用意していたナイフで、まず妹の心臓をひと突きし、助けようとした母の首を切りつけ、奥から駆けつけた父にも襲いかかったあと、自らも首を切って果てていたということです。不可解なことに、男の母親は息子の蛮行を止めることも、周囲に助けを求めることもなく、途中で現場から逃げ出していました。

玄関前に残されていた大量の血。これは母のものでした。瀕死の傷を負いながら、それでも何とか外に助けを求めようともがき、一歩、二歩と廊下に出たところで命が尽きていたのです。

あとで知ったのですが、消防署には三葉の携帯電話から一一九番通報が入っていました。音声記録には、言葉の聞き取れない、わずかなうめき声だけが残されていたそうです。救急車を要請しようとしてこと切れたのが、母だったのか、三葉だったのか。それは、もうわかりません。

奥のダイニングに入ると、家族の日常がわずかに残されていました。

おそらく晩酌の途中だったのでしょう。食卓には父の飲みかけのビールと、母の好きな焼酎が入ったグラスが並んでいました。フライパンには焼きかけの肉がのったままでです。時計が再び、チクタクと時を刻み始めたら、三人が笑顔で席に戻って来て、食事の続きをしそうな光景でした。

大切な三人の命を奪った男は、卑怯にもこの世から逃げ出してしまいました。もう姿のないこの男に向かって、私は「なぜなんだ！」と叫びたい気持ちでいっぱいでした。

曲がりなりにも、愛し合って一緒に暮らしたこともある間柄だったのに、なぜこんなにむごいことが三葉に対してできたのか。どうして私の両親まで道連れにしたのか。怒りは限界まで膨れ上がり、いまにも爆発しそうでした。

心は現場から離れ、沖縄へ、過去へと飛んだ

現場には結局、二時間ほどいたはずです。もう時間の感覚も失っていたので、正確

には覚えていません。刑事さんからいろいろ聞かれたり、現場に置かれたプレートの前で指を差して写真を撮られたりしたのですが、記憶はあいまいです。

マンションの廊下には、周囲の人だかりから現場が見えないようブルーシートが張り巡らされていました。検証の途中でお役御免となった私は、そのシートの陰に警察が用意してくれた小さな折り畳み椅子に座り、待機することになりました。独りポツンと、廊下の椅子に身を縮め、すべてが終わるのを待っていたのです。


不思議なことに、そのころにはもう私の心は落ち着いていました。すべてが、あまりにも悲惨で、悲しみをとっくに通り過ぎてしまい、いつの間にか「無」に近い状態になっていたのだと思います。

自分はそこにいるのだけれど、いないような感じ。

自分が自分の体の外に出て、上空から俯瞰《ふかん》しているような感覚でした。


そのとき、沖縄で暮らす母方の叔母から、携帯に電話がかかってきました。

「もしもし、勇、大丈夫ねー？　しっかり気を持つんだよー」

声を聞いた途端、私の心臓は飛び出さんばかりでした。母の二つ下の叔母の声は、携帯電話越しに聞くと、母の声にそっくりだったのです。一瞬、母が、私のことを気遣って電話をくれたのかと思ったほどです。

叔母のウチナーグチ（沖縄方言）のなまりは、沖縄出身の母が酔っ払ったときに口にしていたのと同じでした。短い電話でしたが、私の心は一気に、幼いころ母と一緒に過ごした懐かしい過去に引き戻されていました。

小学生のころ、夏休みになると、よく母に連れられて沖縄の親戚の家に遊びに行ったものです。

花火大会の日は、みんなで屋根に上り、夜空を見上げて歓声をあげました。浜辺で一緒にバーベキューをしたこと。お腹が痛くなったとき、母がずっとお腹に手を当ててくれたこと。それだけで痛みが消えて「魔法の手じゃないか」と思ったこと。母がよく、「将来は沖縄に帰って、みんなでのんびり暮らしたい」と話していたこと。

子どものころからの幸せな記憶が次々と、鮮明に蘇り、私の心はすごく温かくなっていったのです。

あのとき、母の血だまりの残る廊下で独り、待機していた私は、きっと幸せそうな笑みを浮かべていたに違いありません。それは場違いなことだし、周りからは不謹慎にも見えたはずです。

しかし、そうやって幸せな日々の記憶を蘇らせることで、私は必死に、いまにも壊れそうな自分の心を守っていたのだと思います。

三つの棺が並んだ葬儀

事件の翌日、現場検証を終えた私には、もう泣いている暇はありませんでした。三日後の葬儀に向けた準備が、慌ただしく始まっていたからです。

長男の私が喪主になるわけですが、葬儀を仕切ったことなど、もちろんありません。式の案内から式次第の確認、会葬御礼の品の手配と個数の確認まで、様々な事務手続きが山のように押し寄せてくる。親戚と葬儀社に助けられ、何とか間に合わせることができたものの、ただただ感情を押し殺し、対応に追われる毎日でした。

葬儀の日は、あっという間に訪れました。会場には大きな棺が三つ並び、千人近い方々が足を運んでくださって、棺は色とりどりの花で満たされていきました。

「ああ、これでいよいよ、お別れなんだな」

そう思うと、胸に込み上げてくるものがありました。でも、泣くわけにはいきません。最後に喪主の挨拶が待っているからです。

とても緊張している私の様子を見て心配になったのでしょう。叔父が「万が一のために」と用意していたメモ書きの挨拶文を、そっと手渡してくれました。その温かい気配りは、ありがたいものでした。しかし私は、「今日は自分の思いをしっかりと、自分の言葉で伝えねば」と決めていました。

結局、考えていた言葉は涙でぐちゃぐちゃになってしまいました。いまでは何を話したかも覚えていない有り様です。

美味しかった最後のハンバーグ

ひょっとして母には、虫の知らせのようなものがあったのだろうか——。

葬儀のあと、何度も思い出したのが、事件の一週間ほど前の出来事です。休日の夕方、下の子とちょうどお風呂に入っていたとき、母と三葉が突然、我が家を訪ねて来てくれたのです。

「ご飯を作ってあげたくなったから来た」

それだけ言うと、母はすぐに台所に立ち、肉をこねて、丸めて、叩いて、ハンバーグを作り始めました。

私にはわけがわからず、三葉に「どうしたの？」と尋ねると、安い肉を買って作った前夜のハンバーグがとても美味しく出来上がり、父からも「この肉は高かっただろう！」と絶賛されて、とても嬉しかったのだとか。「勇にも食べさせたい」と言い出して急に来ることになった、というのです。

食卓をともに囲むこともなく、母と妹はハンバーグを作り終えるとバタバタと帰っていきました。看護師の妻は夜勤で留守だったので、子どもたちは大喜びでご馳走を頬張っていました。

あの夜の、とても美味しかったハンバーグ。それが、母の最後の手料理になろうとは思いもよりませんでした。

あのとき、もっと何か話ができていたら——。

そんな後悔の念に襲われたのは、言うまでもありません。

最高の教育者だった母の教え

沖縄生まれの母が東京に出てきたのは、十六歳のとき。集団就職のためでした。学歴もなく、頼れる人もおらず、しかも初めての都会暮らし。きっと苦労の多い人生のスタートだったと思います。

母の記憶をたどると、すぐに思い浮かぶのは、早朝から夜遅くまで働いてばかりだった姿です。食べ盛りの子を四人も抱え、脱サラした父が始めた防水加工の仕事も順調とは言えず、母は主に配送トラックの運転手をして家計を支えていました。昼間の運転で疲れているはずなのに、日が落ちるとスナックで働くこともありました。

正義感が強く、本気で怒ると、とても怖い存在でした。

でも、最高の母親でした。

料理が得意で、家で毎日食べる手作りのご飯が本当に美味しかった。友達付き合いをとても大事にする人で、私にとっても友達のような感覚で話せる人でした。

何より「すごい」と思うのが、子どもの自己肯定感を育てるような言葉を、ずっと私たちにかけ続けてくれたことです。

「勇、あんただったら、きっとできる」

いつも、そう言って励まし、背中を押してくれました。まだまだ頼りなかった私にも、小さな自信を与えてくれたのです。

いまでもよく思い出しては微笑《ほほえ》んでしまう、母らしいエピソードがあります。

小学六年生だった私が、母親と喧嘩《けんか》をした親友から「一緒に家出してくれ」と頼まれたときのことです。私自身は家出など考えたことすらなかったのですが、親友の頼みですから断れません。夕方、二人で自転車に乗って家出を決行し、暗い公園でしばらく時間をつぶしたあと、近くの工場の資材置き場に潜り込み、土管の中で一晩を過ごしました。

寒くて、疲れて、お腹も空いて、翌朝には「もう帰ろうか」という感じで帰宅したのですが、両家と学校では大変な騒ぎになっていました。警察に捜索願まで出ていたのです。母からこっぴどく叱られたのは、言うまでもありません。

でも二人きりになると、母はにんまりとして、私にこう尋ねてきたのです。

「それで、楽しかったか？」

きっと、心配はしたはずです。でも、家族のことが大好きな息子だと知っているから、「本気で家出なんかするはずがない」とわかっていたのでしょう。

この広い世の中でも、家出をして戻ってきた子に「楽しかったか」と聞ける親なんて、そう多くはないはずです。私自身、自分の息子にそんな言葉はきっとかけられないと思います。教育者としての母の大きさを、私はあとになって何度も実感することになりました。

高校を中退し、バイクのレーサーを夢見ていた私が大黒埠頭《だいこくふとう》で転倒して大けがをしたとき、一番に飛んで迎えに来てくれたのも母でした。そのときも、「もっと気をつけなさい」と叱りはしても、「もうバイクには乗るな」とは決して言わなかったのです。私が本気で「これをやりたい」と思ったとき、母から反対されたことは結局、一度もありませんでした。しばらくしてバイクに見切りをつけたのは、私自身です。

母には本当に、苦労をかけっ放しでした。だから私は、「母を早く楽にさせてあげたい」と、ずっと思っていました。

働き始めてからは、「この仕事がうまくいったら、親子二世帯で暮らせるでっかい家を建ててあげるからね」と何度も約束をしました。カイロプラクティック院の経営が波に乗り、ようやく約束を果たせるときが来たかな、と思い始めたときに起きたのが、あの事件だったのです。

連れ子と実子、分け隔てをしなかった父

父のことにも、触れておかなければなりません。

実は父は、私とは血のつながりのない継父なのです。バツイチだった母が、当時四歳の私と三歳の妹を連れて再婚した二人目の夫です。

二十六歳の青年だった父は当時、鉄鋼メーカーに勤めるサラリーマンでした。結婚に際して、連れ子の二人も「自分の子と同じように育てる」と、母に向かって堂々と宣言したそうです。

その後、父にとっての実子が二人生まれ、計四人の子持ちになったわけですが、きょうだいの間で私たちが分け隔てをされた記憶は一つもありません。本当に心の広い父親でしたし、同じ男として立派な態度だったと尊敬しています。

ですから正確に言うと、三葉とは異父兄妹になります。

事件のあと、しばらくして沖縄の親戚を訪ねたときに知ったのですが、母は父との結婚を一度はあきらめ、別れて沖縄に帰っていた時期があったそうです。父の両親が、初婚である息子の相手が再婚で、連れ子が二人もいると知って大反対したからでした。

ところが、母に惚れ込んでいた父がすっかり落ち込み、塞ぎ込んでしまったらしいのです。見かねた父の両親が沖縄に戻った母に電話をかけ、「帰って来てくれないか」と頼み込んで、結婚が成就したのだと聞きました。

そういえば、父と母はどこで出会ったのでしょう。そんなことも、まだ聞いていませんでした。尋ねる機会も、もう永遠に奪われてしまいました。

四十九日の法要を終え、号泣した

三人の葬儀を終え、仕事を数日休んだあと、私は猛烈に働き始めました。開院からまだ間がなく、仕事が波に乗っている時期でもあったので、とても忙しい毎日でした。

休む暇もないほど忙しかったのが、逆に良かったのだと、いまになって思います。つらいからこそ、わざとでも忙しくしたほうがいいときが、人生にはあるものです。

でも、体は正直でした。四十九日の法要を終えて一人、車を運転して自宅マンションの前まで帰り着いたとき、まるで自分が何かの抜け殻にでもなったかのように、体がまったく動かなくなりました。

あたりには夕闇が迫り、小雨が路面を黒く濡らしていました。

車を降りて家に入りたい。でも、なかなか体が言うことを聞いてくれないのです。

長男として、喪主として、それまで気を張って生きてきたのが、急にスイッチが切れたかのようでした。

そして突然、涙があふれ出し、まるで子どものように「おかあさーん」と声をあげて号泣したのです。

苦悩の淵から抜け出すために

ある日突然、ストーカーにより妹と両親の命を奪われた私は、悲しみと苦しみの淵に突き落とされました。人生の迷路に閉じ込められ、生きる意味を見失い、人間不信に襲われたこともあります。

追い詰められた私は、事件の翌年あたりから本を手あたり次第に読み、様々な講演会やセミナーに参加し、いろいろな先生に教えを乞いました。新たな人生に踏み出すためのヒント、きっかけを探し、のたうち回っていたのだと思います。

そして、私はもがき苦しみながらも、苦悩の淵から抜け出すことができました。

私の特異な経験を、同じように苦しみ、悩んでいる人にシェアしてほしい。再び前を向き、立ち上がるきっかけにしてほしい。そう願って今回、私は本を出すことを決めました。

さらにもう一つ、「両親と妹の死を無駄にしたくない」という決意もあります。

森羅万象《しんらばんしょう》には、どれも何らかの原因があり、意味もあるはず。両親はもちろん、わずか十九年で命を燃やし尽くした私の妹にも、何らかの役目があり、それを果たして天国に帰って行ったはずなのです。

その役目は何だったのか。あの事件には、どんな意味があったのか――。

それは私たち家族の経験を広く伝え、社会に還元することで、「頑張って生きていこう」と思う人を一人でも増やすことではないか。

同じような苦しみや悩みを抱える人々に、また立ち上がるきっかけをつかんでもらうことではないか。

そうなれば、天国の三人もきっと喜んでくれるはずだし、私がついに果たすことのできなかった親孝行にもなるのではないか。

そう思ったのです。


ただ、私は事件の被害者だけにこの本を読んでほしいわけではありません。

自分の力ではどうしようもない様々なハンデを背負った人。如何《いかん》ともし難い不運に見舞われた人。「どうせ自分なんて……」と人生をあきらめかけている人……。そんな人たちにも、ぜひ読んでほしいのです。

まずは、運命のすべてを受け入れる。

「それでも自分は生きていくぞ」

「きっと幸せになってやるぞ」

と、100%の決意と覚悟を固める。

そこまでたどり着けば、人間は強い。

きっと奇跡が起きるはずです。

見えない大きな力が働き、周りの人たちも支援に動いてくれるのです。

これは仮説ではありません。私自身の経験から断言できることです。


では、どうやって私はこの苦しみの淵から抜け出すことができたのか。

事件のあとに乗り越え、くぐり抜けてきた長い道のりを振り返り、私を手助けしてくれた様々なスキルやノウハウについて、ご紹介していきます。

第1章

前を向いて生きるために

すべては「平穏な日常」を取り戻すことから始まる

事件のあと、私の心は塞ぎがちでした。それでも表向きは、平静を装っていました。「僕は平気だよ」という態度を毎日、演じ続けていたのです。

理由は簡単。周りから「可哀想な人だ」といった同情、憐れみの視線を注がれているように思えて、どうにも耐えられなかったからです。あのころの私は全身から、「同情するな」というオーラを強烈に発していたはずです。

いま考えると、私のことを気遣ってくれる、周囲の温かい思いやりだったのだろうと思います。むしろ感謝すべきだったのかもしれません。しかし、当時の私には、ただつらいだけの時間でした。

あんなふうに強い嫌悪を感じたのはなぜだろう――。

事件からずいぶん時が流れたころ、振り返って考えたことがあります。

自分を「強い人間」に見せたい、という見栄のようなものが、どこかにあったのかもしれません。弱い人間ほど、強さを装いたがるものですから。

でも、それだけではない。何か別の理由があったのは間違いありません。

思い当たったのが、生き方に迷い始めた私が様々な本に手を伸ばす中で出会った「レジリエンス」という言葉です。

「レジリエンス」とは、もともと物理学の世界で使われる言葉で、「ストレス」という外力による歪みが加わったときに、それを撥ね返してもとに戻る力のこと。

これが心理学の世界で使われると、大きな困難や危機的な状況によって受けるストレスを乗り越え、気持ちをポジティブに切り替えて適応していける能力のことになります。

つまり、レジリエンスとは、「日常を取り戻す力」「心を回復する力」を意味する言葉であり、困難をうまく対処し、自らが成長し、変化に適応していくために不可欠なスキルなのです。

何らかの理由で深く傷ついてしまった人にとって、もっとも大事なことは、もと通りの平穏で幸せな日々を取り戻すこと。あの事件が起きる前の平和な日常を、一日も早く取り戻したかった私にとって、ぴったりとくる言葉でした。

ひょっとすると、周りの人々の思いやりある対応に私が反発してしまったのは、「これまで通りに自然に接してもらわないと、平穏な日常は戻ってこない」という直感が働いていたからではないか——。

私はそんな結論に達しました。

まずは、どうにかして、もとの平穏な日常を取り戻すこと。

私にとってはそれが、顔を上げて前に進むための第一歩だったのです。

本当につらい人には、ただ寄り添うだけでいい

「平穏な日常」がいかに大切かを実感したもう一つの出来事があります。

事件からしばらくして、小学校以来の親友、川島くんの家を訪ねた日のことは、いまも忘れられません。まだ小さかった子ども二人を連れて彼の家に遊びに行くと、お母さんと二人で温かく迎えてくれました。

川島くんは事件について触れることなく、いつもと何も変わらない言葉遣いで、食事をともにしてくれました。お母さんも、普通なら「大変だったわね」などと言うところを何も言わず、ただただ、私の子ども二人の小さな体をギュッと抱きしめてくれたのです。それが、とても嬉しかったことを覚えています。

「大丈夫だよ、頑張るんだよ、あなたたちの人生はこれからだよ」

そんなメッセージを、子どもたちに直《じか》に、無言のまま伝えてくれているような気がしました。

だから、本当につらい人に対しては、周りは何も言わなくていい。ただ寄り添ってあげるだけでいい。言葉にしなくても、心と心で伝わるものがあるのです。

ある日、知り合いの女性から、こんな相談を受けたことがあります。

「家族が自殺して、悲しみに暮れている親友がいます。彼女とはどんなふうに接するのが、一番いいのでしょうか」

そのとき思い出したのが、川島くんとお母さんのことでした。

当時、私が求めていたのは、「大変だったね」なんていう上辺《うわべ》だけの慰めの言葉ではなかったこと。同じ空気を吸い、同じものを食べ、ただ一緒にいてくれるだけで安心できるものがあること。それこそが涙が出るほどありがたかったこと。そんな話をして、こう言い添えました。

「本当の親友だったら、へんに同情の言葉なんかかけないほうがいい。言葉はいらないから、これまで通り普通に、一緒に過ごしてあげてね」

負の連鎖を断ち切るために

葬儀が終わり、私は再び仕事をぎゅうぎゅうに詰め込み、もとの仕事中心の生活に戻ろうと努めました。しかし、すんなりと戻れるはずなどありません。

実はそのとき、私は心の奥底に、密かな葛藤を抱えていました。犯人に対する怒りや憎しみが渦巻き、感情のやり場に困っていたのです。

怒りや憎しみをぶつける相手が、もうこの世に存在しない。両親と妹の命を奪った男が自らの命も絶ってしまった以上、犯行の動機も、事件の詳細も、正確にはわからない。悶々《もんもん》とした思いを、鎮めることができないでいたのです。

正直に言うと、犯人の家族に同じような苦しみを与えてやりたい、と思ったことも一度や二度ではありません。

現場から逃げ出した相手の母親はその後、ついに一度も、私たちのもとに姿を見せることはありませんでした。なぜ、自分の息子の暴走を止めなかったのか。なぜ、助けも呼ばずに逃げ出したのか。謝罪はおろか、説明にすら訪れなかったのです。

犯行当日、マンション一階のオートロックを解除して犯人を建物内に招き入れたのが、実は十九歳の少年だったことがのちにわかりました。少年は男の「子分」的人物で、逆らえずに犯行を手伝ったようです。

私の親族がこの少年を呼び出し、話を聞いたとき、一緒に訪れた少年の母親は「こっちも被害者だ」と開き直ったといいます。これには驚き、呆れました。

四十九日からしばらくして、父をよく知る仲間が集まり、父を偲ぶ会を開いてくれたときのことです。そこには父方の親戚も参加してくれていたのですが、二人きりになったとき、叔父が囁くような声でこんな言葉をかけてくれました。

「やるか。やるなら、手伝うぞ」

一緒に復讐しようか、という意味です。

「ああ、やり場のない気持ちを抱えていたのは僕だけではなかったんだ」と思いました。同時に、この一言で、心の奥にくすぶっていた危うい火種が、すっと収まっていくのも感じました。

復讐をしたら、その瞬間は気が済むかもしれない。でも、結果は目に見えています。私も叔父も親戚も、みんな手が汚れてしまって、いまの平穏な日常を失うことになる。残された私たちの子や家族がまた別の苦しみを背負うことになる。

何より、一番苦しむのは誰だろうと考えたとき、それは亡くなった両親だ、と気づいたのです。

この世には人智の及ばぬ「大いなる存在」がいる、と私は信じています。人は亡くなると、すべてが無に帰して灰になるのではなく、魂が残るとも信じています。もしも私が復讐などに手を染めてしまったら、天国に帰ったはずの両親の魂も、また苦しみ、悲しむことになるはずです。そう考えたとき、胸の奥の危うい火種は次第に鎮まっていったのです。

とはいえ、そのときは復讐の思いを捨てたものの、「あきらめた」というわけでは決してありませんでした。母をまた悲しませるようなことだけは絶対、やってはならないと考えたからです。

母が、私の強《こわ》ばった心をほぐし、鎮めてくれたのです。

テレビを消して必要な情報だけを能動的に探す

事件のあと、私はしばらくの間、メディアから取材攻勢を受けました。「このままではさらし者にされる」。そんな恐怖が募り、親戚の家に身を寄せていたときも、またピンポンと玄関のチャイムが鳴って、ワイドショーのリポーターが立っていたことがあります。「いまのお気持ちを聞かせてください」というお定まりの質問は、全部断りました。冗談じゃない。私たちは見せ物ではないのです。

一度だけ、ある月刊誌に書きたいというノンフィクションライターの取材に応じたのは、とても真摯《しんし》な姿勢に誠意を感じ、「この人なら信用できる」と思ったからです。

そんな苦い経験もあり、事件以降、私はテレビを見なくなりました。

テレビをつけているとワイドショーが始まり、妹の事件と似たストーカー殺人事件や猟奇殺人事件などのニュースが突然、目と耳に飛び込んできたりします。どこまでが真実か、かなり疑わしいセンセーショナルな情報です。

誰かが突然ナイフで人を刺して、血が噴き出るドラマが始まることもあります。その瞬間、私の脳裏にはあの事件の記憶がフラッシュバックしてしまう。私にとっては思い出したくもない記憶です。

テレビというのは一種の洗脳装置ではないか、と思うようにもなりました。

つけっ放しにしていたら、まるで潜在意識に働きかけるサブリミナル効果のように、偏った価値観や間違った情報が脳に刷り込まれていくのではないか、という怖さを感じたのです。

そんなものは、もう一切受け入れたくない。テレビが垂れ流す怪しい情報には、もう惑わされたくない――。

そう考えた私は、テレビのスイッチを切り、ネガティブな情報を遮断することに決めました。

逆に始めたのが、必要な情報を自分から取りに行くことです。欲しい情報は能動的にインターネットや書籍で調べ、さらに詳しい情報が欲しければ関連のサイトも見る。理解したいものを深く探っていく。自分で答えを見つけていく感覚です。

根底には、「自分の人生は自分で形づくっていくものだ」という思いもあります。テレビが垂れ流す情報に押し流されることなく、自分の世界を築いていく。誰かの世界の歯車の一部になるのではなく、自分が主人公である人生を生きていく。テレビのスイッチを切る、というのは、その第一歩だと思うのです。

他人が喜ぶことを静かに重ねる

不安や焦燥に駆られたとき、あるいは悲しみや苦しみに負けてしまいそうなとき、大いに助けとなるのが「居場所」と「人」です。

事件で大きな衝撃を受けた私が、それでもどうにか心を保つことができたのは、当時たまたま、そのような居場所があり、頼りにできる恩師もいたおかげでした。

事件の前年、周囲の反対を押し切って開業したカイロプラクティック院の経営は順調で、うまくいきすぎて怖いほどでした。

次第に、患者さんが入ってくると、「これで売り上げがいくらになる」と数字ばかりが頭にチラつくようになり、そんな自分が嫌になっていったのです。

これでは人間がダメになる。どこかで修行でもしなければ――。

そんなことを考え始めたある日、顔馴染みになった患者さんに「滝にでも打たれようかと思っているんですよ」と漏らすと、「もっと、いいところがあるよ」と、東京都内のある神社に連れて行ってくれたのです。そこで、私を救ってくれることになる神主の恩師に出会いました。

「人生、陰徳《いんとく》を積むことが大事なんですよ」

恩師からは最初に、そう教わりました。周囲に言い触らすことなく、他人が喜ぶことを静かに重ねて実践していれば、いつかは自らの運気が強まり、人生も良い方向に進むようになる、というのです。

ちょうど、「このままではいけない。何かしなくては」と思っていた私は毎週日曜日、神社に足を運び、ご近所の掃除に参加することにしました。駅までの通り沿いのごみ拾いにトイレ掃除、窓拭き……。自分の体を使い、他人に喜んでもらうために奉仕する。もちろん、ボランティアの活動です。

すると、その日の活動が終わるころには雑念が消えて、気持ちがすっきりするのです。

事件後は、さらに「陰徳を積むことが大事」という言葉が、私の心に深く刻み込まれました。悲しみや苦しみに囚われ、ネガティブな思考に支配される中で、ボランティア活動は私に新たな希望をもたらしてくれたのです。

他人のため、社会のために行動を続けていると、自分の心が徐々に浄化され、澱みが取り除かれていくのを実感しました。周りの人たちの笑顔が、私にとって最高の報酬でした。

「陰徳を積むことが大事」という教えは、私にとっての居場所を再発見させ、心の平穏を取り戻す一助となり、心の回復と成長に大きく寄与したのです。

悪い思い出から離れて「心の断捨離」をする

事件から半年、私は思い切って引っ越しをすることにしました。

それまで家族四人で暮らしていた京急・川崎大師駅近くのマンションは、三十五年のローンを組んで私が初めて買った物件で、とても気に入っていました。

母がよく訪ねて来ては手料理を振る舞ってくれた場所だし、妹が私の子どもたちの遊び相手を喜んで務めてくれた家でもあります。でも、家族とのそんな楽しい思い出がたくさん詰まった家だからこそ、私にとっては心の重荷になっていました。つい、あの事件の記憶が蘇ってしまうからです。

引っ越しをして環境を変えよう――。

そう決心したのは、思い出の場所から離れることで人生をいったん白紙に戻し、再出発をしようと思ったからです。

凶行現場となった両親のマンションも、まだ使える家財がたくさん残ってはいたのですが、遺品整理の段階ですべて処分していました。テレビから食卓から家財道具一切、すべてです。事件の記憶を呼び覚ますようなものは何一つ残したくない、という思いからでした。

それは、ものの断捨離であり、「心の断捨離」でもありました。両親と妹との良い思い出だけ、心の中にとっておき、悪い思い出は全部捨てよう。その決心に迷いはありませんでした。

引っ越し先には当てがありました。仕事帰りのある日、たまたま駅前で目についた不動産屋で、条件の良い賃貸マンションを見つけていたのです。

「みんなで賃貸のマンションに引っ越そうよ。この家は貸せばいいいし」

妻に相談すると、最初は「何馬鹿なことを言っているの。ローンはどうするの？」と反対されました。確かに、新たに発生する家賃と、返済を始めたばかりのローンの二重払いを続けるほどの余裕は、我が家にはありません。冷静に考えれば反対するのは当たり前で、私も一度はあきらめました。

でも翌日、妻は「パパがそうしたいんだったらいいよ」と譲ってくれました。

引っ越しには、「運気を上げる」という狙いもありました。私は占いや風水にも凝っていて、見つけた賃貸物件はベストの方角にあり、ベストの間取りでもあったからです。残るは、引っ越しをするための最良の日時。これも占ったところ、二週間後であることがわかりました。私たちは大慌てで準備を始め、バタバタと転居することになったのです。

幸い、家賃とローンの二重払いはすぐに終わりました。駅近だったのが良かったのか、貸しに出した我が家の新しい入居者が翌月には決まったからです。

「断捨離」の仕方は、人によって様々だと思います。大事な連れ合いを亡くした方の場合は、むしろ長く連れ添った相手との思い出の品を一つも手放したくないはず。引っ越す必要を感じることも、まずないでしょう。

私の場合も、両親や妹との思い出を大事にしたいという思いは同じでした。それでも実家のすべてを処分し、無謀な引っ越しまで実行したのは、あの事件と自分との間に一線を画し、壁をつくりたかったからです。

人間はときに環境に縛られ、環境の奴隷にさえなってしまいます。思いもよらぬ形で問題を抱えたり、気持ちが大きく落ち込んでしまったりしたとき、状況を打開するために環境を変えるのは、とても大事なことだと思っています。

「運命」と「宿命」は違う。「運命」は自分の生き方で決まる

高校を中退してバイクのレーサーを夢見たり、車のレースチームに入ったり、私は若いころから好き放題に生きてきました。自損事故でバイクが大破したのを機に、思い切ってカイロプラクティックの道に入り、専門学校で学んで大検資格も取りましたが、人生について深く考えたことは正直な話、一度もありませんでした。

そんな私が、いつの間にか「生きる意味」について深く考えるようになっていました。それは、あの事件が私にとって、とてつもなく大きく、重いものだったからです。命のはかなさというものを、まざまざと見せつけられたからです。

人生は本当に、一回しかないんだ。

しかも、いつ終わりを迎えるのか、誰にもわからないんだ。

たとえ今日死んだとしても、悔いの残らない人生を送らないといけないんだ。

そんな人生の道理というものが、私の目にも、はっきりと見えたのです。

なぜ両親と妹の命は奪われてしまったのか。母の息子として生まれた私の生きる意味とは何なのか。そもそも、なぜ自分はこんな運命に生まれたのか——。

最初は、このような自問から始まりました。

その根っこには、事件で命を奪われた家族三人を「無駄死に」にだけはさせたくない、という強い思いがあったのだと思います。

あんなむごい事件にも、きっと何らかの意味があるはずだ。では、その意味とは何なのか。そして、自分はどうすればいいのか——。

私自身がしっかりと理解できなければ、このままずるずると生きていくことになるのは明らかです。

事件にも自分にもきちんと向き合わないまま、だらだらと無駄な時を過ごしていっていいのか？　自分だけが楽しむような人生を送り続けていいのか？　いつの間にか「何もなかった」かのような結果になってしまうのではないか？　それは他界した両親への裏切りになるのではないか？

　そんな自問自答を繰り返していたある日、恩師から言われた言葉にハッとしました。

「運命」と「宿命」には実は大きな違いがあるんだよ。「宿命」は、たとえば男として生まれたこと。そして家族が殺されてしまう家庭に生まれたこと。これればかりは、どうあがいても、いまから変えることはできない。でも「運命」は、これからの君の努力次第、生き方次第で、どうにでも変えられるんだよ。


　そのころ読んだ実業家、稲盛和夫さんの『生き方』（サンマーク出版）という本にも大きな影響を受けました。

「人はそれぞれ固有の運命をもってこの世に生まれ、それがどのようなものであるかを知ることができないまま、運命に導かれ、あるいは促されて人生を生きていく」

　こんな運命論を紹介しつつ、一方で「人間は運命の前ではまったく無力なのか」と言えば、そうではない。「善因は善果を生み、悪因は悪果を生むという、原因と結果をまっすぐに結びつける単純明快な『掟』」がある。この因果応報の法則を知れば運命も変えられる、というのです。

その瞬間、私は胸に一筋の光が差し込んだような思いがしました。

まさに、その通りだ。私の宿命は受け入れよう。ただし私の運命は、これからの自分の生き方次第で決まる。あの事件を乗り越えてこそ果たせる何らかの役割が、自分にはきっとあるはずだ、と。

「よし、私も自分自身の人生と真剣に向き合おう」

そう覚悟を決めたのです。

解決策は自らが動くことで見えてくる

人生を切り替えるための手がかりを、自分はどこに求めればいいのか。

事件の翌年あたりから試行錯誤を始めた私は、まずは手当たり次第に本を読み始めました。心理学の基礎はもちろん、アドラー心理学、NLP、カウンセリング、右脳教育、コーチングなど、文字通り手当たり次第です。家族でショッピングセンターに買い物に出かけたら、私だけ一人書店に立ち寄って、参考になりそうな本がないか、探し回ることが習慣になりました。そして、ピンとくる人に出会ったら直接、話を聞きに行く。詳細は後述しますが、とくにNLP（神経言語プログラミング）は私が立ち直る過程で大きな助けになりました。

もともと勉強は嫌いでしたが、そのときにはもう本を手に取ることは「勉強」ではなくなり、生き方や人生の模索になっていました。

あのころ、がむしゃらになって探していたのは、私と同じような体験をして、それを乗り越えることができた先人の経験談だったのだと思います。

とてもつらい出来事が起き、心を打ち倒されそうになりながらも、何とか乗り越えることができた人。そんな人が、この世には少なからずいるはずです。

災厄を乗り越え、負の経験もどこかに意味があるものと捉え直し、日々前進して周りにいい影響を与えている人。そんな人を探し出し、生きていくうえでの何らかのヒント、問題の解決策を得たいと思ったのです。

しかし、残念ながら、なかなかそういう人には出会えませんでした。

自己啓発にはかなりの投資もし、いろいろな先生にもお会いして多くのことを教わりました。学歴も経歴も話の内容も、すべてすごい先生もおられました。でも、理論と実践は別の話です。すごく立派な理論でも、どこか上辺だけの話に聞こえたり、実を伴っていないように思えたりして、重みがなかなか心に響いてこないのです。利益を最優先にしたような講師の発言に、がっかりすることもありました。

もしかすると、自分の力で解決策を見つけるしかないのかもしれない。

ひょっとすると、それこそが自分が果たすべき役割なのかもしれない。

そんな考えが、だんだん、私の心を占めるようになっていきました。五里《ごり》霧中《むちゅう》の状況にあっても、まずは自らが動いてみる。当たれるものは何にでも当たり、必死になって答えを探してみる。問題の解決策はその先に、だんだん浮かび上がってくるのだと思います。

仕事を詰め込み、わざと忙しくする

もともと私は人付き合いが好きで、人との会話が日々の楽しみの一つでした。沖縄出身の母がとても明るい性格で、周りに大勢の人を引き寄せ、誰とでもすぐに仲良くなれるタイプだったので、その影響を受けたのだと思います。

それが事件のせいで、すっかり変わってしまいました。

気がついたら、人と話すことを苦痛に感じるようになっていたのです。

周りの目が怖くなり、人を前にするとつい、「この人は何を考えているのだろう。

僕のことをどう見ているのだろう」と考えてしまう。ようするに、人というものが怖くなり、信じられなくなってしまったのです。

それは、私の力ではあの事件に対応しきれなくなっていたせいかもしれません。突然の衝撃的な知らせ、あまりにも残酷な現場、一度に三人もの家族を奪われた悲しみ、無神経でセンセーショナルな報道……。次から次へと押し寄せる出来事に、私の心はすっかり傷つき、ぼろぼろになっていたのです。

でも、見栄っ張りの私は「自分は大丈夫なんだ」と周囲に見せたい。だから最初のうちは、無理にでも笑顔をつくって「元気な自分」を演じていました。

しかし、心と体はつながっているのですね。「大丈夫だよ」という顔をつくっても、心は全然、大丈夫ではありませんでした。いつしか、無理して笑顔になろうとすると顔が引き攣《つ》るようになり、ついには言葉まで出なくなっていきました。

もう一つ悩まされたのが、ちょっと空いた時間ができると、ついネガティブな思いが心に浮かんでくることです。「あのとき、もっと母に詳しい話を聞いておけば」とか、「もっと早くに男と顔を合わせていたら」とか、「もっと強く警察に申し入れをしていたら」とか。もうどうにもならない過去の出来事を、ぐるぐると思い返し、後づけの想像が膨らんで後悔の泥沼にはまってしまうのです。

夜、子どもに添い寝をしてあやしている間はいいのですが、いざ一人になると、その時間が怖かった。いろんな妄想が浮かび、壁の模様が人の顔に見えてきたり、蛇のような怖い動物が浮かんできたりするのです。たぶん、鬱《うつ》に近い状態だったのだと思います。

このままではいけない。何とかして自分を立て直さなければ――。

焦りのような危機感を覚えるようになったのは事件から一年が経過したころでした。

そこで、思いついた対策が、雑念が浮かぶような時間をつくらないことです。

落ち込んでいる暇もないほど、いままで以上にもっともっと忙しく働こう――。

そう考えた私は、事業計画書を書いて日本政策金融公庫に事業資金を申し込み、それが認められて、東京都内に二店目のカイロプラクティック院を出すことになりました。

困難な状況から立ち直ろうとするとき、「仕事を詰め込み、わざと忙しくする」ことの効果は絶大です。

過去の出来事にくよくよと思いを巡らせる時間を奪ってくれるだけではありません。忙しく働いていると、充実感や達成感が得られます。働くことを通じて社会とのつながりが生まれ、仕事仲間との交流は孤独感を和らげてくれる。さらに人と関わることの楽しさを思い出させてくれ、ポジティブな影響をもたらしてくれたのです。

まずは「そうですね」と受け止める

私たちの人生には様々な困難や試練が待ち受けています。私のように、突然、家族の命を奪われ、人生のどん底に突き落とされるような出来事だって起こるのです。それでも人は、逆境を乗り越えて生きていかなければなりません。

困難から抜け出すためには、まず問題点や課題を明確に把握する、自分自身を客観的に見る必要がある、といまはわかります。当時、苦しみの渦中にいた私にはとても難しいことでしたが、それを痛感する出来事がありました。あるセミナーで、受講者の男性とトレーナーとのやりとりを聞いたときです。

男性は、自分に起こっている困難や問題は外部のせい、つまり環境や他人のせいだと思っていることが、言葉のはしばしから感じられました。彼にとっては、自分を守るためのシールドのようなものだったのかもしれません。

そんな男性に対して、トレーナーは少し辛辣な意見を述べました。

「あなたが経験している現状は、大部分が自分の日常の行動や選択の結果なんですよ」

彼は動揺していましたが、私はその瞬間、非常に重要な教訓を得たのです。

それは、他人からの意見やアドバイスを価値のあるものとして「受け取る」ことの重要性です。私自身も現状のつらさを、犯人や環境のせいにしていたところがありましたが、それでは前に進むことはできないと気づいたのです。

他人の意見に反論するのではなく、まずは真摯に「受け止め」、考慮することで、新しい視点や解決策を発見するチャンスが生まれ、それが逆境を乗り越えるヒントになるのでは？　と思えたのです。

それからというもの、私は他人からの意見は「天からの贈り物」「自分の視野を広げるチャンス」と捉えるようになりました。

もちろん、最初からうまくいったわけではありません。つい「いや、自分はそうは思わない」「同じ経験をすればそんなことは言えないだろう」など、否定的な言葉が口から出てしまったり、言葉にしないまでも頭の中に浮かんでしまったり。

そこで、まずは「そうですね」と口に出して相槌を打つことにしました。意図的に他人の意見をいったん、検討する時間をつくったのです。

当然、すべての意見が自分にとって正しいわけではありません。最初は何が有益な意見なのか混乱することもありました。しかし、「そうですね」と相槌を打ち、「受け止める」ことを繰り返していくうちに、すごくいいなと思う意見は心に引っかかるようになっていきました。それを「受け入れる」ようにしていったのです。

いままでは「そうですね」という言葉で一度、相手の意見を受け止めることは、自分自身を成長させ、洞察を深めるための大切なプロセスになっています。そして、他人からの意見を違う視点からの発想と捉えて、自己成長やビジネスに活かしています。

人との出会い、ご縁を大事にする

私の人生は、あの事件を機に大きく変わりました。自分の人生や世界の状況について深く考えるようになり、それまで無縁だった本もたくさん読むようになりました。なかでも仏教や神道の思想に深い興味を抱くようになったのです。

輪廻転生や因果応報の考え方は、私に新しい視点を提供してくれました。私が今生で出会う人々は、前世でも何らかの形でつながっていた可能性が高いという考えです。私たちが日常で経験する「人との出会い」には、実は計り知れない価値があります。地球上には八十億以上の人々が住んでいるけれど、実際に出会い、さらに親密な関係になれる人の数は限られています。それを考えると、家族や友人、仕事仲間などとの関係は、奇跡のようなものと言えるでしょう。

事件とその後の経験を通して、私は人との出会いやそれにまつわる「ご縁」をとても大切にするようになりました。「その人」との出会いはただの偶然ではなく、深い意味がある。学びもある。事実、私の人生において、数々の出会いが大きな転機となり、考え方や価値観を根底から変えてくれた方もいます。

数年前にセミナーで出会った数名の受講生とは、いまでも仲良しで仕事のパートナーになったり、十年来の友達のように一緒に温泉に行ったりしています。そのうちの一人は、なんと私と同じ生年月日なのです。彼と会うと「心のガス抜き」ができるくらい、存在自体が支えになっています。とても意味のある出会いに感謝しています。

私は常に出会いの背後にある意味やメッセージを探求しています。

「なぜこの時期にこの人と出会ったのか？」

「この出会いがもたらす学びや気づきは何なのか？」

私は、人とのつながりや出会いが人生を豊かにし、新しい扉や可能性を開くキーであると信じています。

「幸せフィルター」を身につける

いま横浜で営むカイロプラクティック院には、一匹の看板犬がいます。くるりとした丸い目が特徴のキャバリア犬のメス、名前はモモコ。保護犬です。

悪質ブリーダーのもとで繁殖犬として飼われ、子どもをたくさん産まされて、体はすっかり弱っていました。

救い出されたのが二年前。私の患者さんにペットの保護活動をしている方がいて、「いい子がいるよ」と連れて来てくれたのです。それがモモコとの出会いでした。

過酷な日々をくぐり抜けてきたモモコはいま、七歳。まるで世の中を達観しているかのような穏やかな表情を浮かべ、ゆったりと生きています。毎日、患者さんの膝の上に乗って、決して吠えたり騒いだりはしない。おとなしくなでられ、尻尾を振って、かつて自分に危害を加えたはずの人間に「癒し」を与えているのです。

新たな使命を獲得したその姿を見ていて、確信することがあります。

モモコのこれまでの歩みは決して、無駄ではなかった。実はまっすぐ一本につながっていて、どれにも意味があったのだ、と。

人間も同じです。人は生きているとしばしば、嫌なことにも遭遇し、傷ついたり、心が折れたりします。でも、それもまた人生を形づくる一部ではないかと思うのです。

私の場合も、あの事件に巻き込まれたからこそ人生について深く考えるようになりました。自らの生き方を見つめ直し、前に進むことができました。事件がなければ恐らく、どれ一つなし得なかったことです。

いまになってみれば結局、全部がつながっているように思えるのです。

現在の私は、どんな失敗をしても、「あのとき、ああしていれば」と後悔をすることは一切ありません。

どんな出会いにも、必ず、何か肯定的な意味がある。

どんな失敗、嫌な経験であっても、自分を成長させる何かが隠されている。

そう、信じているからです。


すべてを受け止めても、ネガティブなものとして自分の内側に受け入れない方法も身につけました。

それは「幸せフィルター」をまとうことです。

「幸せフィルター」とは、私たちが経験する様々な出来事や感情を、肯定的な視点から捉える「心のレンズ」のようなものです。このフィルターを通せば、ネガティブな出来事や感情さえも、自己成長の機会や新しい見方として捉えることができるようになります。

大きな失敗をしたり、困難な状況を抱え込んだりしたときでも、「自分はダメだ」とそのままネガティブな経験として捉えるのではなく、「新しい視点や学びを得る好機」と考え、「次はこうしてみよう」と受け入れる。この「幸せフィルター」を通すことで、たとえ嫌な出会い、マイナスの経験であっても、人生を豊かにしてくれるものへと変化するのです。

「幸せフィルター」を手に入れるためには、自らの感情や反応に意識を向け、肯定的な視点で物事を解釈し直す練習が必要です。経験を積むにつれ、最初は「練習」だったものが「習慣」となり、人生観そのものが変わってくる。やがて幸福感が高まり、すべてが好転し始める。幸せフィルターは私の人生の宝物になっています。

第2章

言葉が
今日と明日の
自分を作る

思いを言葉にしてシェアすることで苦しみから抜け出す

人が生きていくうえで、「言葉」がいかに大きな役割を果たしているか。その重要性に気づいたのは事件から二年ほど経ったころです。

事件と向き合えるようになったからこそ、私は自分の生き方に思い悩むようになっていました。

そこで私はある日、思い切って横浜駅前のビルで開かれた自己啓発セミナーに参加してみることにしました。親しくなった患者さんから、「いまのあなたに、ぴったりの会合がある」と教えてもらい、初めて参加したセミナーでした。

セミナーは「NLP」を用いたもので、その一コマに、抱えている悩みをみんなの前で打ち明けるという時間が設けられていました。

自分が抱え込んだ悩みを大勢とシェアする――。

振り返ってみれば、この経験が私にとっての大きな転機になりました。

誰にもきちんと話したことのなかった、あの事件での体験、苦しい思いを、大勢の人々に話す機会を持てたことが、立ち直る一つのきっかけになったのです。

セミナーには「自分の殻を破る」というサブタイトルがつけられ、二十人ほどが集まっていました。会社が倒産しそうだとか、離婚したばかりだとか、子どもに問題があるとか、それぞれに悩みを抱えて参加した方々です。

どれも、周りの人には相談しにくいことばかり。しかも、見ず知らずの人に向かって心の奥底をさらけ出すわけですから、最初は勇気がいります。

私の場合は、さらに話の内容が尋常ではないわけです。家族が殺されたこと、三人もの命が奪われたこと、ストーカーと化した男は犯行後に自殺したこと。こんな話をすると、普通はみんな、びっくりしてしまいます。話が重たすぎて、ときには人々の気分を害し、迷惑がられることさえある。だから私は日常生活では、この話だけは避けようと努めてきました。

でも、その日の反応は違いました。みなさん、私の話をちゃんと受け止めてくれ、理解してくれたのです。「この経験を社会に還元するためには、まずは私自身が変わらないといけない。それが今日、私がここにいる理由です」と話すと、涙を流してくれる人もいました。わずか十分程度の短いスピーチでしたが、みなさんに共感してもらえたことがわかりました。そんなつながりが、とても嬉しかったのです。

ほかの参加者の話を聞いたことで、発見もありました。

苦しいのは自分だけではない。人はそれぞれに苦しみや悩みを抱え、乗り越えようと頑張って生きているんだ。だから自分も頑張ろう――。

そう思えるようになったのです。

重たかった私の心は、話をしたあと、とても軽くなりました。セミナーのサブタイトル通り、いつの間にか自分の周囲に築いていた壁を自分の手で壊し、心を開いたことでものの見え方が変わって、新しい自分に出会えたような気もしました。

その結果、少しずつ自分に自信を持てるようになりました。「僕は平気だ」と表向きの平静を装うのではなく、「ありのままの自分」を出せばいい、と気づいたのです。

この日、私が受講した「ＮＬＰ」(Neuro Linguistic Programming) とは、一九七〇年代に心理学と言語学の要素を組み合わせて体系化された新しい学問で、「脳と心の取扱説明書」とも呼ばれ、日本語では「神経言語プログラミング」と言います。

米カリフォルニア州立大学で心理学を学ぶ学生であり、数学者だったリチャード・バンドラーと、言語学の助教授だったジョン・グリンダーによって提唱されました。

簡単に説明すると、ＮＬＰとは言葉を選んで意図的に使い、自らをコントロールして思考や感情を書き換えることもできる技術の体系です。

私自身、セミナーを受けて心がすっかり軽くなった実感がありました。「この学問をもっと深く知りたい、自分が発する言葉で自分の人生がどう変化していくのか実際に体験してみたい」と思い、ＮＬＰを勉強し始めました。

言葉の力を理解するということは、自分自身の感情や行動をより良く理解することであり、またそれらを変える力を手に入れること。

まさに開眼の学びです。

私がＮＬＰで学んだことは、言葉がただのコミュニケーションツール以上のものであるという事実でした。私たちが日常で使う言葉は、心と脳に直接影響を与え、感じ方や考え方を形成します。そして、それが行動や習慣へとつながっていく。つまり、言葉を通じて自身の心と脳を調整し、向上させることができるのです。

この学びは、私に困難や挫折を乗り越える力を与えてくれると同時に、新しい人生を切り開くための大きな手助けにもなりました。

「マイナス言葉の爆弾」には細心の注意を払う

序章でも書いたように、私は両親と妹が死亡したマンションでの現場検証に立ち会っています。まるで「サスペンスドラマ」のような状況でした。

それまで私が見ていたサスペンスドラマには、乱暴な言葉を使う設定の刑事が多く登場していました。テレビでしか見ることのなかった世界ですが、「実際の現場でもドラマ同様に日常的に暴力的な言葉が使われているんだな」と、どこか他人事のように思ったことを覚えています。もちろん、私はいま、そのようなドラマは一切見なくなりました。


日本には古来、「言霊」思想があります。人の口から発せられた言葉には霊が宿り、その言葉通りに物事を実現させる力があると信じられています。

私もこの「言霊」の信者です。

しかも人が発する言葉には、「プラス言葉」と「マイナス言葉」という、まったく逆方向のエネルギーを持った言葉があると思っています。

前項のセミナーで「言葉の力」について深く学ぶ機会を得たことで、私は意識的に「マイナス言葉を使うのはやめよう」と、心がけるようになりました。

マイナス言葉とは、「あ〜だるい」「めんどくさ〜」「私のせいじゃない」「あなたが悪いのよ」といった、聞くだけでなんとなく気分が沈んでしまう言葉たちです。

意識を向けてみると、職場のスタッフやコミュニティで知り合った人、家族や子どもたちなど、多くの人が当たり前に「マイナス言葉」を使っていることに気づきました。次第に、それらの言葉を耳にすると私の気分は低下し、やる気も削がれてしまうようになりました。

また、テレビが流すマイナス言葉の影響をダイレクトに感じる出来事がありました。妹から驚くべき相談を受けたのです。

彼女が、小学三年生の息子にゲームをやめるように注意した際、ゲームを続けたかった息子に「殺すぞ！」と言われたというのです。

私は放置するわけにはいかないと考え、甥を呼んで話をしました。彼に、そのような言葉を使うことでママがどれほど悲しんでいるかを伝え、その言葉を使った理由を尋ねました。彼の答えは「テレビで見たものを真似した」でした。

「殺すぞ」という言葉の重さを伝えるために、私はあえて強い口調で彼に同じ言葉を投げかけてみました。そして、「いま、伯父さんからこの言葉を聞いて、君はどう感じた？」と質問したのです。

するとと、彼は泣きながら「怖かったし、悲しかった」と答えました。さらに私は、「君がママに使ったその言葉で、ママも君と同じように感じていたんだよ」と伝えました。

この一件を通じて、甥は言葉の選び方の大切さを理解したようです。それ以降、彼は言葉を慎重に選んで使うようになったと聞いています。

言葉の影響力は強大です。マイナスのエネルギーを含んだ言葉は、周囲の人々の気分を害すると同時に、その場全体に暗い雰囲気を持ち込んでしまいます。そして、使った本人にも悪影響を及ぼすのです。

無意識に、マイナス言葉を使っている人は本当に多いのです。

「でも」

「どうせ」

「だって」

こんな言葉を、つい口に出す癖があったら、すぐにでもやめてください。その先には何の進歩も、解決も期待できません。

日本の多くの会社では、会議になると、こうしたマイナス言葉が飛び交っているという話もよく耳にします。大勢が参加する大事な会合で、一つでもこんな言葉が飛び出したら、その場が台無しです。

「マイナス言葉の爆弾」が飛んできたら、うまく身をかわさないといけません。もし、自分の心に当たってしまったら、一気にやる気を削がれてしまう。だから、私は自分の子どもたちには、いつもこう言い聞かせています。


「口から発する言葉の一つひとつが、自らの人生を形づくっていくんだよ」

「言葉遣いには気をつけてね。学校から戻って『あ〜、疲れた』って言ったら、本当に体が疲れて動けなくなっちゃう。だから『今日も頑張っちゃった。私って本当にえらい』って言うと、気持ちも上がって楽になるよ」

「ため息」のマイナスパワーに気づく

「ため息」の力もまた、言葉と同じくらい怖いと私は思っています。

私の知り合いのある青年は、ことあるごとに、

「ハア～ッ」

と気が重くなるようなため息をつくのです。あとに続く言葉も、「でもねえ～」「実際はねえ～」「厳しいですよ」といった否定的な言葉ばかり。「君、いくつなの？」と尋ねたら、まだ二十歳だというのです。

彼のため息が耳に入るたびに、こちらまでパワーが吸い取られるような脱力感に襲われます。ついに我慢が限界に達し、お節介を焼いて「僕も経験があるけど、ため息

は運気を落とすんだって」と言ってしまいました。すると、「何がですか？」と聞き返されたのです。本人はまったく意識していなかったようです。

「自分の耳にも、そのため息は聞こえているよ」

「ため息が持つマイナスの力を侮ってはいけないよ」

「このままでは、たぶん未来は開けないよ」

そう説明したのですが、果たして理解してもらえたかどうか。


青年にこんな話をした背景には、私自身の経験があります。

事件後の私の毎日は、重たいため息とともに始まっていました。夜が明け、目を開けるたびに、頭の中には一瞬、「あの日のことは夢だったのではないか」という希望が浮かび上がるものの、すぐに現実の重さが私を打ちのめし、「やっぱり夢じゃなかった。ハ〜……」と、現実を受け入れざるを得ない日々でした。ため息は、私の失意や絶望を映し出していたのかもしれません。

しかし、日々が過ぎる中で、私の心境に変化が訪れました。

「何とかして現状を打破したい、そして自分の未来を明るくしたい。そのためには何が必要なのか？」

その答えを求めて、書店で本を探す日々が始まったのです。様々な著者たちの経験や知恵に触れる中で、私の心は少しずつ温かくなり、前向きな気持ちが持てるようになっていきました。

希望の光が私の心を照らし始めたころ、毎朝の習慣のようになっていたため息が、自然と消え去っていました。それは、「希望を失っていた私」から、「前向きに未来を見据える私」へと成長した証しだったのかもしれません。

私はもう運気を下げる「ため息」をつかないと決めています。そんな毎日を過ごしていけば、人は前に進むためのエネルギーが自然とたまっていくのです。

ベストな自分を見つけて褒める

逆境を乗り越えるヒントを探して、様々な自己啓発セミナーやコーチングスクールに通う中で、自然と身につき日頃から実践していることの一つが、「自分を褒める」ことです。

「今日も頑張ったね、えらいぞ」

「今日もたくさん働いて社会に貢献できたね」

と、その日の自分の行いでベストなところを見つけて、言葉にして自分に伝えるのです。

逆に何かで失敗したときには、自分を卑下するような言葉は極力減らし、「あの失敗がいい勉強になったね」「次からはこうしよう」というようにプラス思考で考えます。言葉を選ぶことで、マイナスの出来事もプラスに変化させて受け取ることができるのです。前章で紹介した「幸せフィルター」とは、まさにこれです。

なぜ、そんなことを日々、心がけているのかと言えば、自分が発した言葉は、自分の耳にも届いているからです。

会議で話している途中に、ふと気づきを得て「いま話していて思ったことですが」と新しいアイデアを披露したことはありませんか。これは自らが発した言葉を自ら聞くことで、心の中にあった潜在的な考えに気づいた結果だと言えます。コミュニケーション技術の一つである「コーチング」の世界では、これを「オートクライン効果」と呼んでいます。

「コーチング」は、英語の Coach（馬車）に語源があり、「大事なお客様をその人が望むところに送り届ける」という役割から派生した名前です。

コンサルティングやカウンセリングと違って、コーチングは答えを差し出す仕事ではなく、本人の気持ちを活性化し、自身で解決策を見つけ出してもらうように、手助けをする役割を担っています。「答えは本人が持っている」というのが、コーチングの基本的な考え方です。

私はコーチングでオートクライン効果を知り、意識するようになりましたが、これにはプラスとマイナスの二つの影響があると考えています。

事件による急激かつ強烈なストレスからか、私は時々頭痛に見舞われるようになり、薬を飲んだり、体を温めて血流を改善させたり、いろいろな方法で対処していました。ところが、オートクライン効果を学んだあと、あることに気づきました。私は頭痛が起こるたびに、自分自身に「頭が痛い」と繰り返し言っていたのです。NLPで「言葉が持つ力」を習ったこともあり、「これが痛みを強化しているのではないか？」と感じたのです。そこで私は、言葉のアプローチを試みることにしました。

まずは「頭痛が少し楽になったかも」と口に出して言ってみたのです。すると、脳がその言葉を受け取り、実際に痛みが和らぐのを感じました。

今度はもっと具体的に「さっきは痛みが十だったけど、いまは九くらい」と言ってみると、痛みが徐々に減少していったのです。

さらに、「いまは八くらいになったかも」「いまは半分くらいになったな、よし治ってきたぞ」と自分に言い聞かせてみたところ、本当に痛みが消えてなくなったのです。

それ以来、私はどんな痛みも言葉で改善してきました。頭痛をはじめ、胃の痛み、トレーニングのやりすぎで立てないくらいのひどいぎっくり腰、飲みすぎた次の日の腎臓の痛み……。ありとあらゆる症状を私は病院にも行かず、薬も飲まずに治していきます。

言葉の力は驚くべきもので、人間の体に直接影響を与えることができると実感しています。

この実験結果から、自らが発する言葉やメッセージによる心理的、感情的、身体的な影響を考えると、否定的な言葉を減らし、なくしていくことがいかに大切か、おわかりいただけると思います。

だからこそ、私はうまくいっているところを積極的に見つけて言葉にし、自分を褒めることを続けています。心の中で思うだけでも効果的ですが、周囲に話して言葉をシェアすることで、さらに効果はアップします。

本章の冒頭にも書いたように、私の場合、思いを言葉にしてシェアしたことが、事件から立ち直るきっかけの一つになっています。言葉が持つ力は本当にすごいのです。

「ありがとう」は運気が上がる「天国言葉」

「ありがとう」という言葉は、自分にも周囲にも強烈なプラスのエネルギーをもたらしてくれる魔法の言葉です。

私は、ユーチューブで「銀座まるかん」の創業者、斎藤一人さんの教えを知りました。斎藤さんは累計納税額日本一を誇る方ですが、彼の「天国言葉」に触れることで、日常の中の感謝を学びました。

「天国言葉」とは、「ついてる」「ありがとう」「嬉しい」「楽しい」などで、斎藤さんは口癖をこれらの前向きな言葉に変えることで人生が劇的に変わるとおっしゃっています。

彼は「普通のことをどれだけありがたく思えるか」という価値観を持っています。

「ご飯が食べられてありがたい」

「健康でありがたい」

「仕事があってありがたい」

「友達がいてありがたい」

彼の教え通り、日常の幸せを改めて感じることで、以前は自分の不幸や不運ばかりに目がいっていた私の視野が大きく広がりました。私の周りには感謝すべきことがたくさんあったのです。

私はいま、「ありがとう」という「天国言葉」を毎日大切に使い、感謝の気持ちを持つことで、より豊かな気持ちで生きることができています。

感謝のオーラをまとっていると、それは必ず周りに伝播《でんぱ》してみんなを幸せに導いてくれる。いつも、ためらうことなく「ありがとう」を口にする人で悪い人に、私は一度も出会ったことがありません。

これからも魔法のポジティブ・ワード「ありがとう」をたくさん使うことで周りを感謝でいっぱいにしていきたい。斎藤一人さんは「ありがとうを千回言いなさい」とおっしゃっていますが、私は一日二十回を目標に始めました。

また私の場合は、感謝を伝えたい相手とその内容を紙に書き出すこともあります。相手は現世の人だけではありません。亡くなった人の名前も含めています。

感謝をささげ、亡くなった人の分まで自分は幸せになることを誓う。現世の人よりむしろ深く魂がつながっているような気がしています。

私は自宅に設けている神棚に手を合わせ、「今日もありがとうございます」と感謝の言葉を口にするとき、必ず鳥肌が立ちます。何かに反応しているからです。私はこれを、神様から波動を受け取った証拠と解釈することにしています。波動は目に見えないエネルギー。「ありがとう」という言葉が神様からの波動というご褒美につながり、人生がうまく回っていくようになったと感じています。

言い訳はやめて、理想の未来に近づく行動をする

NLPを学び始めたころに出会ったのが、英国の作家ジェームズ・アレンが一九〇二年に著した『「原因」と「結果」の法則』（サンマーク出版）です。現代成功哲学のバイブルとも呼ばれるこの本を手にして、心に沁みたのが次のくだりでした。

「心は、創造の達人です。そして、私たちは心であり、思いという道具をもちいて自分の人生を形づくり、そのなかで、さまざまな喜びを、また悲しみを、みずから生み出しています。私たちは心の中で考えたとおりの人間になります」

自分という存在は環境から生まれたものではなく、逆に「心」と「思い」から環境をつくり出せる存在だ。原因と結果の因果関係には偶然性など存在せず、すべての結果は「思い」という原因がつくり出したものだ、というのです。

もし、その通りなら、たとえいまはつらくても、心の中で思い描いたような理想の未来へと通じる道は、まだあるのかもしれない――。
そんな希望が、当時の私には見えた気がしました。

様々なことを学んでいくうちに、「これはすでに自分もしていたことだ」と無意識に実践していた教えに出会うことがたびたびあります。この「思い」についてもこんなことがありました。

第1章でも述べたように事件から一年後、私は落ち込む暇がないほどもっと忙しい日々を送ろうと、二店目の院を開設する決意をしました。幸運にも、すぐに理想的な物件を見つけることができました。

しかし、開院当初はなかなか患者さんが増えず、施術費用を安くしたり、いろんなコースを考えたりしたけれど効果はありませんでした。

そこで、私自身の「思い」を伝えるために、さらに新しい試みに挑戦しました。自分でホームページを作成したのです。慣れない分野でとても苦労しましたが、自分の思いを言葉にして伝えたことで、月に四十～五十人の新規患者さんが訪れるようになったのです。その後、施術費用を通常に戻しましたが、患者さんが減ることはなく、施術費が安いから来るという概念も根底から覆すことができました。

実は、開院初期は事件の影響による人間不信がまだ克服できず、患者さんの目を直視するのが難しい状態でした。それでも、二店目の院を開設したのは、忙しくしたかった以上に、人々とのコミュニケーションの場をもっと持ちたい、もっと多くの患者さんと一対一で深く関わりたいという「思い」があったからでした。

人間不信を乗り越えるために心理学を学び、あえて人と接する機会を増やしたことで、いまではすっかり人付き合いが好きで、人との会話が日々の楽しみの一つであった昔の私を取り戻すことができました。

こうして私は自らの経験を活かし、人生に悩む患者さんや、生き方に不安を感じている患者さんにアドバイスをすることもできるようになり、理想とする生き方に少し近づくことができたと感じています。

過去の経験を社会に役立てたいという「思い」、そして家族の死を無駄にしたくないという強い「思い」が、二店目の院を成功へと導いたのだと思います。

心の中で強く思えば思うほど、理想の未来に近づいていきます。目標を明確にし、寝る間も惜しんで努力を続けていけば、必ず良い結果につながっていくと私は信じています。

それこそが、自らの人生を主体的に生きるということではないか。

そう考えた私は、「どうせ無理だろう」とか、「お金がないからできないだろう」とか、そんな後ろ向きの言い訳を口にするのは、もうやめることにしました。照準をピタリと人生の大きな目標に合わせ、ワクワクした気持ちで毎日を頑張ろうと思ったのです。

人の言葉や常識に惑わされず、自分の世界観で生きる

人生の岐路に立ち、迷ったすえに一歩前に踏み出そうというとき、「世間はそれほど甘くないぞ」とか「そんなこと言っても無理だよ」とか、いろいろなことを言ってくる人が必ず現れるものです。

ものの見方や考え方は、人それぞれ。いろいろな意見に耳を傾けること自体は、とても大事なことだと思います。でも、私は周りの意見や世間の評価を気にしすぎて、他人の価値観に引きずられることがないように気をつけています。

自ら思い描いた未来に対して否定的な言葉ばかりが聞こえてきたら、自分でも「やっぱり無理かもしれないな」と思うようになってしまうからです。

そうすると、どんどん自分の軸がずれていき、ついには自分が自分でなくなってしまいます。そうやって他人の世界観に従って生きている人が、実は少なくないように感じています。

私も事件後、占いで「あなたの人生はこう進む」と指摘されると、その予言に意識が向かってしまうことがありました。また、権威のある人からの言葉に振り回され、自分の信念や価値観を表現できない時期もありました。当時の私は、まるで社会のルールに囚われてしまったかのようでした。

しかし、中学時代の友人との偶然の再会が、大きな刺激になりました。彼女の生きざまや考え方は、私に新しい視点をもたらしてくれました。実は彼女も困難に直面していたのですが、私の目にはそんなことを感じさせない、とても自由で堂々とした姿に見えたのです。

彼女との再会が、私の持っていた「こうあるべき」という固定観念を覆してくれたのです。私は、この出会いは亡き母からのメッセージだと感じました。「自分らしく、自由に、後悔のないように生きる」という母の教えそのものだったからです。

第1章で、まずは他者の意見を「受け止める」ことが必要と書きましたが、この経験によって、他人の価値観を盲目的に「受け入れる」ことをやめることができました。

自分の人生の主役は、あくまでも自分自身です。
他人は自分の人生に責任を取ってはくれません。

社会的な通念、世間の常識に取り込まれず、自らの信念、信じた道を歩んでいくためには、「これだ！」と思ったこと、「こうであってほしい」と願ったことを強く信じ続けることも大事だと私は思います。

それが自分の人生を生きる、ということなのです。

思い込みを捨てて、自分の中の宝物を探す

自分のことを一番よく知っているのは、誰でしょう？

そう聞かれたら、「自分自身」と答える人が多いと思います。私自身もそうでした。

本当の自分がどんな人間なのかは、自分自身が一番よくわかっていると思い込んでい

たのです。

でも、「自分はこういう人間だ」と考えている「自分」とは、本当の自分なのか？心理学を勉強する中でそんな疑問を持ち始めました。

人は常に自分のことを客観的に見ることができるとは限りません。

たとえば、成長していく過程で、親からずっと「お前はダメな奴だな」といった否定的な言葉を浴びせられて育った人は、いつの間にか自分のことを「ダメな人間だ」と思い込んでしまうものです。

学校で周りから「君は足が遅いね」と言われ続けた場合もやっぱり、「自分は走るのが苦手だ」と信じ込んでしまうでしょう。

こうして、まるで潜在意識に働きかけるサブリミナル効果のように、暗示にかかってしまうのです。一種の刷り込み効果です。

私が持っていた自分のイメージは、長い間、あまり明るいものではありませんでした。自分を客観的に捉えることが難しく、ずっと「集中力がない」「すぐ飽きる」「恥ずかしがり屋」「我慢ができない」といったネガティブなラベルを自分に貼りつけていました。

とくに自分の考えを言葉にして話すことが苦手で、人前に出ると緊張して声が震えてしまう恥ずかしがり屋の性格は、多くの場面で自分を制限していた気がします。

しかし、自己啓発セミナーでの学びを通して、これらの特性が実は強みとして活かせる側面を持っていることに気づきました。そのターニングポイントとなったのは、五~六人でグループアクティビティを行ったときのことでした。

参加者それぞれが自分の持つ他者のイメージを共有するというもので、私にとってはかなり勇気のいる内容。初めにシェアされた意見は、私が恐れていた通りのネガティブなものでした。その瞬間、私の心は少し沈みました。

しかし、次にポジティブな意見のシェアが始まったとき、私は驚きの連続でした。「集中力がない」と感じていた部分が他者には「多様な情報を同時にキャッチできる」という形で評価されたり、「飽きっぽくて興味の対象がすぐに変わる」と思っていた点が「新しいものに柔軟に対応できる」という観点で評価されたり、「恥ずかしがり屋ですぐに緊張してしまう」姿が「誠実さや素直さが見えてとても好感が持てる」と評価されたり、私の考えていた自己イメージとは真逆の意見が数多く寄せられたのです。


「見方をちょっと変えるだけで、まったく異なる自分に出会える」

「ネガティブな自己イメージも、大きな強みとして捉えることができる」

弱点と思っていた部分が、実は他者から見れば魅力として捉えられることもある。

それが私にとっての大きな発見であり、自己成長の契機になったのです。

つらい出来事であることには変わりありませんが、あの事件がなければ自分の中の「宝物」にも気づかなかったでしょう。


誰にでも気づいていない能力が眠っているし、私に見つけられたように、誰にでも自身の中に埋まっている宝物を見つけることはできます。

グループアクティビティで私が経験したように、「私のいいところってどんなところだと思う?」と他人に聞いてみるのも一つの方法です。また私は、次のような質問を自分に投げかけたこともありました。

●これまでの人生で、自分が本当に楽しんで取り組んできたことは？
●他人から褒められたり、認められたりした才能や特技は？
●自分が本当に興味や関心を持っていることは？

そこからたどり着いた答えをもとに、新しい活動や趣味を試すことで、自分の中に眠っていた宝物に行き当たったこともあります。未知の領域に足を踏み入れることで、新たな才能や興味を発見する可能性が生まれるのです。

肯定的な言葉で新しい自分に「上書き」する

私が過去に経験した両親と妹を失うという悲劇は、私を人間不信に陥らせたり、恨みの感情を増幅させたりもしましたが、それを乗り越える過程で、社会貢献の重要性に気づかせてくれたり、人々の痛みや悲しみに深く共感する能力をもたらしたりしてくれました。これによって私の心の容量は広がり、以前よりも「器」が大きくなったと実感しています。

私の周りにも、多くの困難を抱えた人たちがいます。弟が自殺した経験を持つ女性、重大な交通事故を経験した男性、亡くなった母親の思い出に苦しむ娘さん、リストカットの経験がある女の子……。

かつての私同様、自信を失い、何をしたらいいのか迷っている方々ばかりです。私があの事件を経験することなく楽な環境でのほほんと生きていたら、きっと彼らの悩みに共感することは難しかったでしょう。

いま、私は彼らの話を真摯に受け止め、必要なアドバイスを送ることで彼らに寄り添うことができています。これこそが、私の人生の使命だと強く感じます。この使命を果たせるのも、過去の経験のおかげだと深く感謝しています。

もちろん私自身、いまでも自信を失いかけたり、自分の才能に疑いが生じたりすることはあります。そんなときは、「自分はこういう人間だ」という思い込みを一度、手放すことにしています。

そして、まっさらな目で自己を見つめ直し、「新しい自分」に上書きしています。するど、自己肯定感が高まり、前向きに生きようと思えるのです。

どうやって自分を上書きしていくのか。

まずは、自分のことをどういう人間だと思っているのかを、文字にして紙に書き出します。それをマイナス言葉ではなく、プラス言葉で上書きしていくのです。

前述したように私は自分のことをずっと、「集中力がない」「すぐ飽きる」「我慢ができない」人間だと思ってきました。

「私は集中力がない」というような否定的な自己評価では、いつまでたっても肯定感は上がりません。「私は多様な情報を同時にキャッチする才能がある」という、肯定的な言葉で自分を「再定義＝上書き」することで、マイナスだと感じていた性格をプラスにすることができるのです。

言葉の自己暗示で性格を変える

肯定的な言葉で新しい自分に上書きした私は、さらに言葉の力を借り、「自己暗示」を使って性格を前向きに変えることにしました。自己暗示とは、上書きで言語化した自分の性格を、自分自身に投げかける方法です。言葉で言い聞かせ続けることで、新しい信念や行動パターンを生み出し、考え方を変えることができます。ＮＬＰでは「アファメーション」と呼ばれるものです。

過去のつらい経験も、自己暗示によって成長や学びの材料として捉え直すことができるのではないか？　そう思った私は事件から立ち直る過程で、常に自分に次のような言葉をかけ続けたのです。

私は小さいときから、常にチャレンジをし続けてきた人だ。
私は常に他人に優しく接することのできる人だ。
私は常にいろいろなことを経験したいと思っている人だ。

私はどんなときでも自分の望ましい未来を見ることができる人だ。
私は自分の価値を信じ、自分に投資できる人だ。
私は社会の役に立つ人だ。
私は他人をサポートできる人だ。
私は困難を乗り越える強さを持っている人だ。
私は恐れを上手に抱えて進むことができる人だ。
私は見えない世界から常に後押ししてもらえる人だ。
私は自分自身の人生を生きている人だ。
私は正義感が強い人だ。
私は可能性の塊だ。
私は必ず成功する――。

やはり、言葉の力は絶大でした。日々、自分自身にポジティブな言葉をかけ続けることで、考え方はもちろん、徐々に性格まで変わり始めるのを感じました。

自己暗示は、ポジティブな行動や思考を引き出すと同時に、心をリプログラムするツールとして無限の可能性を秘めていると私は思っています。

私はこれらの言葉をスマホのメモに書き込み、常に更新するようにしています。声に出して読み上げ、自分の耳で聞いてみる。

すると、「ああ、ここの一文は本当の自分じゃないな」とか、「見栄えだけを整えた自分だな」などとピンときます。そういう場合は、よりぴったりくる言葉に修正します。

これを繰り返していけば、ポジティブな性格になれるだけでなく、しっかりとした自分の軸もできてきます。日々その軸を強め、他人に流されない自分を形づくっていけるのです。

思い返せば、これはまさに母がまだ幼かった私に「勇なら、きっとできる」と声をかけ続けてくれた方法と、そっくりでした。言葉が人間の心理、成長に及ぼす力について学び始めたとき、抵抗感なくすっと理解することができたのも、その下地があったからだと思い当たりました。

コミュニケーションの力は病をも治す

私が営むカイロプラクティック院に通ってこられる患者さんで多いのが、整形外科に通ってレントゲンを撮り、薬ももらったけれど治らない、という人です。骨格の歪みや左右の脚の長さなど、いろいろ調べたうえで施術に取りかかるわけですが、私はここでも「言葉」というものが持つ大きな力に気づかされる毎日です。

事件前、私は体の些細な不調も過度に心配する性格でした。たとえば、二十代前半のとき、少しの息切れを感じただけで「心臓に問題があるのでは？」と不安になり、病院に駆け込んだことは一度や二度ではありません。検査の結果、医師から「健康です」という回答をもらうことがほとんど。それで安心するということを繰り返していました。そう、私はとても小心者だったのです。たぶん、死に対する漠然とした恐怖があったのだと思います。

しかし、あの事件をきっかけに、私の考え方や価値観は大きく変わりました。死に対する恐怖がなくなり、人の言葉ではなく、自分の言葉や考えによって自分自身や人生を変えることができると信じるようになったのです。

いま、カイロプラクターとして多くの患者さんと接する中で、かつての自分を思い出す瞬間にたびたび出会います。


カイロプラクティックは十九世紀末、米アイオワ州で磁気治療院を営んでいたダニエル・デビッド・パーマーが始めました。脊椎を中心に骨格の歪みを手技によって調整し、神経の働きを回復させる治療法です。

肺や胃腸、腎臓など、体の各器官がうまく機能しているのは、脳が一つひとつの指示を出しているからではなく、自律神経が働いて調整してくれているからです。その自律神経の通り道が、骨格の歪みなどによって圧迫されてしまうと体に痛みが生じたり、病気になったりします。

その歪みを手技によって整えることで、病気を未然に防いだり、体が抱える様々な症状を改善させたりすることができる、というのがカイロプラクティックの根本にある考え方です。

ただ、施術の効果を上げるために一番大事なのは、われわれ施術者の「治してあげたい」という気持ちと、患者さんの「治りたい」という気持ちだ、という実感が私にはあります。

両者に信頼関係が生まれ、患者さんが「この先生が言ってくれるなら治る」と信じる。その思い込みの力が、効果を発揮する面が大きいのです。私はそういう現場に、いくつも立ち会ってきました。単なる技だけの話ではないのです。

つまり施術者であるカイロプラクターの役割は、患者さんを言葉で応援し、元気づけること。かつて、医師に「健康です」と言われて元気になった私がまさにそうだったのです。

カイロプラクティックの真髄は技ではなく、患者さんとのコミュニケーションにこそある。施術の八割、九割を占めるコミュニケーションにおいて、私が誰にも負けたくないと思っている理由です。

良質なコミュニケーションは、ストレスの軽減や精神的な支えになる。他者との信頼関係やポジティブなコミュニケーションが、健康や幸福へとつながっていく――。

これは、カイロプラクティックの世界に限った話ではなく、人間社会全般に通じる真理ではないでしょうか。

自分にだけは嘘をつかない

前述したように、過去の私は小さなことでもすぐに心配する性格で、周りの出来事や人々の言葉に敏感すぎる反応を示すことがよくありました。そのため、他者の言葉に左右されたり、予期せぬ出来事や変化が生じると慌ててしまったり、心の平穏を乱すことが少なくありませんでした。

やりたいことを好き放題にやってきた半面、社会の中では、他人の評価や意見を気にしてしまい、自分の本当の気持ちをおさえ込んでいました。自分がグループの中で異端になることを、極端に恐れていたのです。いつも最悪のシナリオを頭の中で繰り返し想像し、そのシナリオを避けるように生きていました。

そうした心の不安や心配を他人に打ち明けることもできず、一度心配事が生じると、解消するまでずっと考え続けてしまうのです。何度も述べてきたように、事件後しばらくの間、人間不信に陥ったことで、この性格はより顕著に表れるようになってしまいました。

人はときとして、社会的な理由や人間関係のために他人に嘘をつくことがあるかもしれません。

しかし、自分自身に嘘をつくことは決して許されない。

もし自分自身に嘘をついてしまったら、その重荷は心身を疲弊させます。心が切なくなり、自己嫌悪に苛まれ、自己肯定感は大きく低下してしまいます。まさに、過去の私です。

事件直後、周囲の人たちの些細な言動にもいちいち反応していた私は、弱く過敏な性格を隠すように「僕は大丈夫だ」と自分に嘘をついていました。

その結果、心は疲弊し、精神的な重圧が増し、どんどん自信を失っていったのです。

私にとって、事件と向き合う第一歩となったのは、仮面で取り繕った自分ではなく、「嘘偽りのない自分を生きる」と決めたことでした。

より良い人生を生きるためには、本当の自分の姿をまっすぐに見つめ、周りからも常に学び続ける姿勢が大切なのです。

そのために一番大事なのは、「素直である」こと。

ひねくれていては、人生の指針となるはずのありがたい言葉も耳に入ってきません。「言葉の力」を知ることで私が得た、最大の教訓です。

自分の人生で、最後まで伴走をしてくれる存在は自分自身だけです。

そんな大事な人にだけは嘘をついてはいけない。
本当の自分を受け入れ、誠実に生きる。
そうすれば暗く長いトンネルから抜け出すヒントは必ず見つかると実感しています。

第3章

心を守るために
手に入れたスキル

宇宙から自分を眺めている光景をイメージする

あの事件の直後、現場検証に立ち会ったときのことは、私の心に深い痕跡を残しました。暗く沈んだ廊下、床に広がる血だまり、そして動きを停止した時計の針。すべてが非現実的で、まるで時が止まってしまったかのようでした。そこには何の生命の気配も感じられず、ただ沈黙が広がっていました。

私はその場に立っていましたが、自分の存在感が希薄になり、奇妙な感覚に囚われていました。頭の中は混乱しているはずなのに、心は落ち着き、冷静であることの矛盾。序章でも書いたように、まるで自分の心が別の場所に移動し、上空からその光景を静かに見下ろしているような感覚でした。たとえるなら、自分が一つの映画やドラマの中のキャラクターになり、現実の出来事とは違う何かを見ているような感じです。

当時は知りませんでしたが、これは現実の恐怖やショックから距離を置き、自分の心を守るための防衛反応だったのです。

事件から三年ほどたったある日、私はＮＬＰのセミナーで「ディソシエイト(Dissociate)」という言葉を知りました。

ディソシエイトとは、まさに「心的な距離を置く」という意味の心理学用語です。具体的には、現実の状況や感覚から一時的に分離、遠ざかる心の状態を指します。過度なストレス、トラウマ、または心的なショックを経験したときに発生する防衛機制の一つとされています。

自分の心や意識が体から離れ、別の場所に移動してしまったかのような状態――。あの日の私の奇妙な感覚は、まさにこれでした。私の心が自己防衛のためにディソシエイトを行い、深いトラウマから一時的に守られていたのだと理解しました。

あのときは無意識に行っていたディソシエイトですが、セミナーでこのスキルを身につけると、私にとって大変効果的であることがわかりました。

突然、どうしようもなく悲しい感情や怒りの感情が湧き起こったとき、すぐに「いけない、こんな自分は本当の自分じゃない」と、マイナス感情に心が占領される前にディソシエイトするのです。

原理はわかりませんが、もともと私は体がなくなった感覚になって、「意識」だけの存在になることがよくありました。これがとてもディソシエイトに役に立っています。「意識」だけの存在になった私は、天からの光に包まれ、一瞬で宇宙に飛び出します。そして、「意識」が大きな宇宙に包まれることで、とても幸せを感じるのです。

その幸せを感じながら、宇宙から小さな地球を眺め、日本列島、関東、私が仕事をしている場所を探し、悲しんだり、イライラしたりしている自分を見下ろします。そして、「なんて小さなことで泣いたり、怒ったりしているんだろう。もっと心を大きく持て」と自分に語りかけます。すると、不思議とマイナスな気持ちが消えてなくなります。

広い視点から物事を見ることで、多くの問題が相対的に小さく感じられるということだと思いますが、ある種の「浄化」の効果もあるのかもしれません。

私はいまでも、困難に直面したときや進むべき方向が見えないとき、ディソシエイトで心を落ち着かせることで、様々なヒントを得ています。物事を正しく進めるためには、冷静で客観的な視点は必要不可欠です。私はディソシエイトによって、客観的に物事を捉える思考が身についたと思っています。

頭の中の独り言をコントロールする

言うまでもなく、私たち家族の記憶でもっとも鮮明に残っている悲しい出来事は、両親と妹を突然失った日のことです。この悲劇は私を極度の対人恐怖症に陥らせ、外出先では後ろからの微かな気配さえも私を不安にさせました。

そのころの私は、絶えず「なぜ、自分だけがこんな運命を背負わなければならないのか？」「これからの人生、どう生きていけばいいのか？」という疑問と闘っていました。私を追い詰めるネガティブな感情が、心と頭を埋め尽くしていたのです。

そんな自分を変えるきっかけになったのが、「セルフトーク」という心理的アプローチとの出会いでした。セルフトークとは、自分の内面と真摯に向き合い、自分自身に向ける言葉の選び方を意識的に変えていく方法です。

以前の私は何かトラブルに直面すると、「どうせ自分はダメだ」という自己否定の言葉が真っ先に心に浮かんでいました。そのせいで行動に移せなかったこともたくさんあります。

ところがセルフトークを通して、「挑戦してみる価値はある」「うまくいく可能性もある」といった前向きな考え方ができるようになったのです。

もちろん、過去のトラウマが一夜で消えるわけはありません。しかし、セルフトークを繰り返すことで、少しずつでも明るく前向きな自分になり、結果的に、人との関わりにも少しずつ楽しみながら取り組むことができるようになっていきました。

これは、トラウマになるほどショッキングな経験をした人だけに効果があるものではなく、日常の些細な場面にも活かすことができるスキルです。

たとえば電車に乗ってボーッとしているとき、「どうして会議のときに思ったことが言えなかったんだろう」とか、「どうせ自分なんかが頑張っても昇進するのは無理だろう」とか、心のどこかにくすぶっているネガティブな感情、声にはならないマイナスの言葉を、無意識のうちに頭の中で発していることは誰にでもあるはずです。

私の場合、車が好きなのでよくドライブに出かけるのですが、すぐ目の前に別の車が無理やり横入りしてくると、「こら！　ちゃんと順番を守れよ」と怒ってイライラすることがあります。

そんな自分に気づいたら、「たった車一台分の違いじゃないか。こんな些細なことで何を怒ってるんだ」と、セルフトークを行います。

それができれば、マイナス思考に陥ることもなくなり、生産的でプラスの方向に自分を切り替えていくことができます。万が一にも暴力的になったり、心や体に変調を引き起こしたりする事態を回避することができるのです。

心の広い自分に交代する

自分の中でいくつもの感情がぶつかり合い、押しのけ合い、その結果として自らの言動が決まっていく。そんな人間心理をうまく描いていると感激しながら観たのが、ディズニー・ピクサーのアニメ映画『インサイド・ヘッド』です。

十一歳の活発な少女ライリーの頭の中には、宇宙船の操縦席のような「司令部」があります。ここを動かすのが、人間の喜怒哀楽を擬人化した「ヨロコビ」「カナシミ」「イカリ」「ムカムカ」「ビビリ」という五つのキャラクターたち。

この五つの感情のキャラクターがぶつかり合い、ライリーを幸せにしようと奮闘する興味深い物語は、二〇一六年の米アカデミー賞（長編アニメーション部門）を受賞しました。

両親と妹を失った悲劇的な出来事のあと、映画同様に、私の中でも絶えずいくつもの感情がせめぎ合っていました。

私の感情を占領したのは、「悲しみ・カナシミ」です。とくに朝、目を覚ましたときの喪失感は何とも言い難いものでした。

仕事中、私の感情をもっとも動かしたのは「恐れ・ビビリ」です。人との対話、電車での移動、夜の静寂の中での微かな人影……これらはすべて、私の心に恐怖を感じさせ、常に警戒させ、安全を求めるよう促していました。

家族を奪った犯人のことを考えると、「怒り・イカリ」が湧き上がってきます。その犯人が自らの命を絶ったことで、私の怒りはさらに増幅され、ときとして復讐の欲求が私の心を乱しました。

テレビで犯罪や事件のニュースを見ると、「嫌悪・ムカムカ」の感情が私を支配します。私の気分は一気に悪くなるので、もうテレビは見ません。

しかし、すべての感情が暗いものというわけではありませんでした。私はカイロプラクターとしての仕事に誇りを持っています。体が軽くなった患者さんが笑顔で帰る姿を見たり、神社の境内を掃除するボランティア活動をしたあとには、「喜び・ヨロコビ」が私の心を温めてくれました。

「自分の中にはいろんな感情を持った何人もの自分がいる」

それを知るだけでも、自らの感情を切り替える手助けになります。

感情をコントロールするのは簡単なことではありません。普段どんなに冷静な人だって、何かの拍子に「悲しみ」や「怒り」の感情が湧き起こることはあります。

大切なのはマイナス感情が起こってしまったあと、どう対処するかだと私は思っています。「素直な心」で反省する気持ちがあれば、感情の切り替えは簡単にできるのです。

私は、「悲しみ・カナシミ」や「怒り・イカリ」が現れたとき、冷静で客観的な自分に交代させるために「四つの切り替えステップ」を行っています。肝《きも》はゆっくりと深呼吸をすること。感情の高ぶりを鎮め、心の広い自分に交代させることができます。

一、感情の認識……イライラや怒りなどの感情が湧き上がった瞬間を認識する。

二、深呼吸……その場で三回、深くゆっくりと呼吸をする。心を落ち着かせ、現在の感情から一歩引くことを意識しながら、その感情や状況を上空から見下ろすような視点で観察する。

三、心の切り替え……深呼吸をしたあと、心の広い自分、冷静で理性的な自分に意識を切り替える。この視点からただの観察者となり、その感情がどのように発生し、進行しているかを冷静に見ることができる。そして、**一**が感情の全体を占めていないこと、一時的なものであることを認識する。

四、行動……「いま、この状況で最善の行動は何か？」と自問し、新しい視点から見た最善の行動を実行する。

別の視点から自分を見つめ直す

私の家には、縦二メートル、横一・二メートルの大きな本棚があり、自己啓発から哲学、スピリチュアルなど、多種多様な本が収められています。

なかでも、経営学者であり、多摩大学大学院名誉教授の田坂広志さんの本には、いたく共感しました。とくに『深く考える力』（PHP研究所）という本は私のお気に入りの一冊です。

物事を深く考える力とは何か。

田坂さんは、それは論理的な思考力のことではなく、心の奥深くに眠る「賢明なもう一人の自分」と対話し、その叡智を引き出す力のことだと言います。

同書には、そのための「5つの技法」も紹介されています。世界賢人会議「ブダペスト・クラブ」日本代表を務めるなど、日本のみならず海外でも活躍してこられた田坂さんの知恵の秘密がよくわかって、とても胸に響きました。

読み進めるうちに、私は「このやり方はすでに知っている」ということに気づきました。

ＮＬＰでは「ポジション・チェンジ（立場の入れ替え）」、あるいは「エンプティー・チェア（空っぽの椅子）」と呼ばれる、自らを別の視点から見つめ直す方法とそっくりだったのです。

椅子を二脚用意して向かい合わせに置きます。一方の椅子に座り、向かいの椅子には「もう一人の自分」が座っていると想像してください。まず、自分に言いたいことを、もう一人の自分に話しかけてみます。

たとえば、「あなた最近、お仕事を頑張っていますね」と話しかけます。次に目の前の椅子に席を移し、自分自身が「もう一人の自分」になって答えを探し、「でも、この分野が苦手で、まだまだできていないんだよね」などと答える。

そんなポジション・チェンジを繰り返すうちに、「もう一人の自分」の言葉がヒントになり、それまで気づいていなかったことが見えてきたり、解決策が見つかったりすることがあります。

いわば、「もう一人の自分」との自己対話です。第三者の目には、一人芝居のように見えるかもしれません。

この方法の利点は、自己との対話なので、嘘偽りが交じらないことです。自分が相手なら何も隠す必要がないため、深いところまで入っていけるのです。

ポジション・チェンジには、「もう一人の自分」だけではなく、「他者」と対話をする方法もあります。私は悲しいとき、困ったとき、指針が欲しいとき、ポジション・チェンジで母と対話しています。

私「お母さん、ごめんね。親孝行してあげられなくて、二世帯住宅を建ててお母さんを楽にさせてあげたかったんだけど、できなかった」

母「いいよ、大丈夫だよ。あんたがそう思ってくれるだけでお母さんは嬉しいから」

私「俺はどうしたらいい？」

母「あんたの好きなようにしなさい。悔いのない人生を送るんだよ」

私「わかった。自分を信じて、思ったようにやってみるよ」

こうして覚悟を決めると、過去も未来も気にならなくなり、いまやるべきことに集中できるのです。

心の中の対話は私にとって大きな救済となりました。このスキルを身につけてからというもの、私は過去の後悔や未来への不安から解放され、「いま」という瞬間に意識を向けることができるようになりました。

毎日一分間、自分に集中する時間をつくる

過去の後悔や未来への不安に心を奪われ、「いま」の瞬間に意識を向けることができない人は多いのではないでしょうか。私もかつては過去や未来への思いに囚われていました。

「どうすれば事件を避けられただろうか」

「自分がもっと関与していたらよかったんじゃないか」

「母は苦痛ではなかったか」

「父は悲しかったのではないだろうか」

「妹はびっくりしたんじゃないか」

「なんで周りの人は助けてくれなかったのか」

「近所の人は気づかなかったのか」……。

いまさら言っても仕方のないネガティブな考えが頭の中で際限なく繰り返され、眠れない日々でした。

また「これから自分はどのように生きていけばいいのか」「これからするはずだった親孝行をしてあげられなかった」「家族旅行もさせてあげられなかった」と未来に対する不安や、これからしたかったことができなくなった後悔の念に苛まれたりもしていました。

日常生活でも、そういった場面があると思います。

「あんなこと言わなきゃよかった」と、大昔のことでずっと思い悩んでいるかと思えば、「息子が中学に入ったらあれが心配、これも心配」と、まだまだ遠い未来への不安を抱いて、毎日を生きている人もいるのではないでしょうか。

少しでもストレスを減らし、幸せに生きたいと思ったら、変えることのできない過去のことはシャットアウトし、不確定要素の多い未来のことも心から追い出す必要があります。

大事なのは「いま、ここ」に心を集中させること。そして身も心も上向きの状態で毎日を過ごすこと。

そんな状態をもたらしてくれる方法が、「マインドフルネス」と呼ばれる瞑想の一種です。

グーグルやインテルなど、世界的な企業も取り入れているとして話題になったこの方法は、瞑想することで雑念を追い払い、能力を向上させることを目的としています。

過去と未来を切り捨て、「いま、ここ」だけに集中する。現在だけに焦点を合わせ、今日やるべきこと、いまの自分の気持ちにしっかりと立ち返るのです。

私は「いま」を大切にすることの重要性を、前項のポジション・チェンジで学びました。そのため、私にとって母との対話がマインドフルネスの一つになっています。

また、第2章で紹介したポジティブな性格を言葉にして自分に投げかける「アファメーション」をスマホに吹き込んで録音しておき、それを毎日、自分の耳で聞くこともマインドフルネスになっています。「そうそう、自分はこういう人間なんだ」「この道でいいんだ」と自分の立ち位置を再認識し、自らを奮い立たせることができ、生きる意欲がかき立てられます。

もう一つ、朝と晩にお仏壇の前に座ることも、私のマインドフルネスかもしれません。毎朝、花の水を替え、おりんをチーンと鳴らし、両親と妹の名を呼んで「行ってきます」と挨拶します。夜、仕事から帰ったらまた手を合わせ、「今日もありがとうございました」と挨拶します。これが私の精神統一になっているのです。

私はどんなに忙しくても毎日、一分間だけのマインドフルネスを欠かしません。

映画は人生が学べる最高の教材

私は多くのセミナーに参加し、たくさんの専門知識を得てきましたが、それと同等以上に映画から学ぶことが多々ありました。人生の真髄や感情の奥深さを知ることができ、人生に彩りと深い理解をもたらしてくれる映画は、感動と共感、そして多くの教訓を提供してくれる、真に価値あるツールだと私は思っています。

映画を通して、「人生は一度きり」という価値観や「真の自由とは何か？」を模索する人々の姿に触れることができます。たった二時間ほどの時間の中で、深いメッセージを直感的に感じ取ることができるのは、映画が視覚や聴覚を活用し、五感を通して私たちの心に訴えかけてくれるからです。

ただの娯楽映画のように見えて、とても深いメッセージを発している作品がたくさんあります。私にとっては、そんな一本が英国の文豪チャールズ・ディケンズ原作の映画『クリスマス・キャロル』です。

主人公は老境を迎えた強欲商人のスクルージ。血も涙もない守銭奴として、毛嫌いされる存在でした。ところが、クリスマス・イブに不思議な体験をします。三人の精霊が相次いで現れ、自分の「過去」「現在」「未来」をのぞき見することのできる旅に、それぞれ連れて行ってくれるのです。そして人生の真実に思い至ります。

金銭欲にまみれたままの人生は、いかに悲惨な「未来」へと通じているか——。

衝撃を受けたスクルージですが、現在を変えれば未来も変わる、まだ間に合うということを知ります。そして、これまでの生き方、考え方を改め、より人間的で愛情あふれる生き方へと変えていく、という物語です。

『クリスマス・キャロル』は何度も映画やドラマになっており、私が観たのは一九三八年製作の白黒映画でした。「これはNLPで学んだやり方とそっくりだな」と、とても強く心に残った作品です。

いま、私たちが生きている世界は本当の現実なのか。本当に自分の人生を生きているのか。そんなことを考えさせられたのが、『マトリックス』です。

これまで現実だと信じていた世界が、実はコンピューターがつくり出した仮想現実に過ぎないと知った主人公ネオ。人生に迷う私自身がネオと重なり、「幻想から目を覚ませ」というメッセージを受け取った気分になりました。ラストシーンを観て、「本当にやりたいと思ったことは、ちゃんとやれるんだ」と興奮したのを覚えています。

『タイタニック』も心に響いた映画の一つです。私が感銘を受けたのは、船が沈没するときに楽団のメンバーたちが最後まで逃げようとせず、覚悟を決めて船上に残り、任務を果たす姿でした。「お前はいま、覚悟を持って、なすべきことに全力を尽くしているか」と問いかけられたような気持ちになったからです。

映画の世界は、日常では気づきにくい人生の真理や感動を見つけ出す鏡のようなもの。人生の複雑さや美しさを描き出し、深い洞察や勇気を与えてくれます。

良い作品が発しているメッセージは、人生を豊かにし、生きるための指南にもなり得ます。私は気になる映画があったらメモをして、集中して観るためになるべく映画館で鑑賞するようにしています。必要としている答えやインスピレーションが、思わぬところで見つかるかもしれないからです。

「最高の未来」と「最悪の未来」を想像してみる

平穏な日常を取り戻し、言葉の力を借りながら、私は何とか気持ちを持ち直して前向きに生きる力を回復していきました。そして、両親と妹の死を無駄にせず、「彼らのためにどう生きるか」「自分がこの世で果たすべき役目は何か」、という疑問の答えを探し始めました。

それを導き出せたのが、NLPやコーチングで用いている「タイムライン」でした。

タイムラインとは、未来の自分を想像することで、現在の選択や決断の手助けとなる方法です。まるでタイムトラベルをするかのように、十年後や二十年後の自分を具体的にイメージするタイムラインは、私の人生の方向性を一変させるきっかけになりました。

最善の選択や可能性だけでなく、最悪のシナリオも考えることで、自分の生き方や決断に新たな視点をもたらしてくれたのです。まさに、前述した『クリスマス・キャロル』の世界です。

飛んだ先は「最高の未来」と「最悪の未来」、両極端の二つの世界。

まずは、自分にとって「最悪の未来」をのぞき込んでみました。

その世界では、私は家族三人を殺された運命を呪い、「俺の人生なんて最悪だ」と悪態をついています。加害者への憎しみをいまだ抱えたまま、文句ばかり言って毎日を過ごしている。お金もかかるし面倒くさいし、と弁解して自分を偽りながら、何の勉強もせず無為な日々を送っています。

そこに見えたのは、仕事も家庭もうまくいかず、友達も去り、心の余裕まで失った醜い自分の姿でした。

「うわー、こんな人生、絶対に嫌だ」

ぞっとした私は、この嫌な感情をしっかりと胸に抱いたまま、「現在」に帰ってきました。

まっさらな気持ちに戻ると、今度は「最高の未来」をのぞき込んでみます。

その世界で私は、自分を磨くために勉強に励み、すごい先生を見つけたら、どこにでも会いに行っている。自分がこんな運命に生まれついた意味を考え抜いています。

そこに見えたのは、家族みんなが笑顔で、人間関係も仕事もうまくいき、社会からは必要とされ、輝きながら楽しく生きている自分の姿でした。

「さあ、どっちの未来がいいか、自分で選べ」

そう問われたら、誰しも「最高の未来」を選ぶに決まっています。

心を決めた私には、すぐに次のステップが見えてきました。

「最高の未来」の自分が持っていたもので、いまの自分が持っていないものは何なのか。そこには大きなギャップがありましたから、自ずとわかります。あの勉強も、この勉強もしないといけない。人とはこう接し、社会とはこう向き合わないといけない。そのためには貯金もしておかないと……。

こんな感じで、やるべき課題が次々に浮かんできます。あとは一つひとつ、着実にこなしていくだけでした。

その先に「最高の未来」が待っていると考えたら、気持ちがとても楽になったし、何よりもワクワクしてきました。この感情が、すごく大事だと思うのです。

ワクワクするからこそ、人は頑張ることができる。私はこのワクワクと未来への希望に引っ張られて、どうにかここまで生き抜いてきました。そしていま、イメージした通りの「最高の未来」を生きています。

タイムラインというスキルを学んでから、私は日常で頻繁にこれを活用しています。両親と妹の死を無駄にしない生き方もタイムラインで見てきました。

あの事件から様々な自己啓発を学び、そこで見えてきた私の存在意義は、「同じように苦しんでいる人たちが前を向いて歩んでいけるようにサポートしていく」こと。

まだまだ私も未熟だし、アドバイスなんておこがましいかもしれませんが、悩みに共感し、一緒に前を向いて歩むことはできると思っています。

もちろん、そこまで大袈裟なことではなく、普段の生活でもこのタイムラインは活用できます。

たとえば、あるプロジェクトが失敗に終わったとしても、いまの私ならすぐにそのプロジェクトに再び取り組んで成功させ、周りの人たちが喜んでいる理想の未来を明確にイメージします。明確なビジョンがあれば、自然と行動のエネルギーが湧いてくるからです。

理想の未来を持たなければ、行動を起こす動機も薄れてしまいます。「最高の未来」を描くことで、失敗したり目の前に障害があったりしても、夢や目標に向かって進む原動力になるのです。私はこのスキルのおかげで、多くの困難を乗り越えられました。

いま日本では、若者の死亡原因の第一位が自殺です。それは多くの若者が、マイナスの未来だけをのぞき込んでいるからのような気がします。だから、そちらの方向に引っ張り込まれてしまうのでしょう。

もしそうなら、すぐにでものぞき込む方向を変えてみてほしいのです。一日も早く、プラスの未来を、自分にとって「最高の未来」をのぞき込んでみてほしいと願わずにはいられません。

「最高の未来」へたどり着くための「ビジョンボード」を書く

私はまだ未熟者です。決意を固めても、予想通りにことが運ばないことも多々あります。周囲の人たちが順調に進展しているのを見ると、心に葛藤や挫折感が湧き上がることも少なくありません。

人生に迷ったり、心が折れそうになったりすることもありますが、そのたびに私は自分で作成した「ビジョンボード」を見返します。これは、前述した「最高の未来」

を可視化したものです。

ビジョンボードには、「いつ」「どんな自分・どんな状況」になっていてほしいかを明確に書いてあります。叶っている場面をイメージした写真や絵も一緒に添えることで、より具体的な未来を描くことができます。

三十代のころに書いたビジョンボードは、とてもシンプルで写真もフリー素材。何度も書き直していくうちに、いまでは自分の写真を取り入れたり、楽しい雰囲気になるような工夫をしてみたり、より具体的なイメージを映し出したビジョンボードに変化しています。

ビジョンボードは、自分の夢や希望、目指すべき方向が詰まっている「宝の地図」です。見ているだけでも私の中の情熱の火が燃え上がります。

ビジョンボードは常に目に入る場所に貼っています。以前はイメージを定着させるために、寝室の壁やリビングの入り口など、数カ所に貼っていましたが、いまははっきりと自分の未来をイメージできるため、バージョンアップしたビジョンボードをカイロプラクティック院の机にだけ貼っています。

大きな成功や多くの人々の注目を浴びることは、私の人生の主要な目標ではありません。ただ、私の経験したことが誰かを勇気づけ、少しでも生きる力になってほしい。私がこの世にいる間、たとえ百人でも勇気や希望を与えることができれば、それだけで心から満足です。

ビジョンボードは、私が使命をまっとうするために、道を迷うことなく前進し続けるための重要な指南役となっています。

憧れの人、なりたい人を真似る

事件後、私は必要以上に他人の目を気にするようになり、自信を大きく失っていた時期があります。その失った自信をどうにかして取り戻したい。そう思い始めたころ、あるセミナーで出会った講師の話し方や振る舞いに惹かれるものを感じました。

初めて参加したセミナーでしたが、その講師は、相手が心の奥にしまい込んでいた記憶を引っ張り出すのがとても上手でした。相手の波長、熱の具合に合わせ、話と話の間には沈黙もはさむ。すると相手は、自然としゃべり出してしまうのです。そこには相手との絶妙な「間」があることに気づきました。一種の余白のようなものです。

広告のチラシでも、すべてを宣伝文句で埋め尽くせばいいものではありません。適度な空白があるほうが、むしろ宣伝文句が引き立つものです。それと同じで、言葉を連射すればよく伝わるわけではなく、あえて間をとることで話が引き立つ。究極のコミュニケーション技術だな、と思いました。

ゆっくりとした体の動き、使い方も勉強になりました。話すときも黒板に書くときも、先生は意図的にゆっくりと動いていて、それが貫禄と威厳を生んでいたのです。

そこで、もし私がその講師のように振る舞ったらどうなるのか、という考えが浮かびました。心理学では「モデリング」と呼ばれるスキルです。

そして実際に身振り手振りを真似してみると、不思議とその講師のような視点に立て、自信に満ちた気持ちが湧き上がってくるのを感じたのです。それはまるで彼の役を演じているような、その役に完全に入り込んでいるような気分でした。

患者さんから質問を受けたとき、私はその役に入り込むことで、講師だったらどう答えるか、どういう対応をするかを考え始めました。講師になったつもりで対応することは、驚くほど気持ちが良く、次第にそれが私のスタンダードになっていきました。

最初はあくまで模倣、物真似でしたが、時間をかけて続けていくうちに、堂々とした振る舞いや相手の波長に合わせる思考などが、自然と私の中で定着し始めたのです。

まずは憧れの人をよく観察する。そして、その人ならどのような身振り、手振りで、どのように受け答えをするのかを考え、真似してみる。

それを実践していけば、ただの模倣から真の自分のスタイルや信念として変わっていくと、身をもって実感することができました。

最初の一歩は小さな目標から

ここまで繰り返してきたように、事件のあと、私は自分の人生を切り替えるために、多くの講演会やセミナーなど、教育の場に足を運びました。その過程で数多くの目標や夢が浮かび上がってきましたが、最初に自分で掲げた具体的な目標は、「ネガティブな気持ちや不安を消し去る」ことでした。この目標は、当時の私にとってはあまりにも大きく、「無理だ」と思うこともたびたびありました。

そんな私に自信を与えてくれた出来事があります。

ある日、私は突然、「毎朝、職場の近くにある神社を訪れ、参拝することを日課にしよう」と思い立ちました。雨の日も、台風の日も、毎日欠かさずその神社へと足を運びました。天気が悪い日には、つい「今日はやめようかな」という気持ちが湧くこともありましたが、最終的には自分で決めたこの行動を継続しました。

毎日続けるうちに、拝殿での祈りは、心をリセットするために大切な時間となり、新しい一日への感謝と希望をもたらしてくれるようになりました。そして、何よりも

「続けられた」ことが、私に自信を与えてくれたのです。

この自信は新たな行動へのあと押しとなって、前出のビジョンボードに書いた「新たな分院の開設」や、長年の夢だった「注文住宅の建築」「多くの人々の前での講演」「セミナーの開催」「本の出版」など、大きな挑戦へとつながっていきました。

小さな行動だった「毎日の参拝」が、自信となって、「ネガティブな気持ちや不安を消し去る」という目標を達成させ、その先にある大きな成功へとつながる第一歩となったのです。

大きな目標を細分化し、小さな目標に分けていくプロセスを「チャンクダウン」と言います。様々なセミナーで用いられているスキルですが、私が学んだのはＮＬＰのセミナーでした。

チャンクダウンによって、大きな目標は手の届く小さな目標へと変わります。小さな目標を達成していく過程で得られる小さな勝利がモチベーションを高め、さらなる前進を助けてくれます。チャンクダウンを行うことで、私は一歩一歩、確実に前進することができたのです。

過去は変えられない。怒りや憎しみに囚われない生き方

人生に生きづらさを感じている人は多いと思いますが、その原因は様々。人が違えば性格も環境も異なり、原因は千差万別だと思います。

私の場合は、事件を起こした男への怒りと憎しみに囚われていたことが、生きづらさを感じる原因の一つになっていました。

三人もの命を奪った男が犯行直後に自殺したことで、私たち家族は罪を問う相手まで失うという、やり切れない事態にも直面しました。

もし男が逮捕され、裁判が開かれていたら、なぜあんな犯行に走ったのかを知ることはできたはずです。でも、私たちにはその真実すらわからない。「復讐したい」と

いう気持ちを心の奥に抱えて、悶々とした時期があったことは、すでに記した通りです。

ただ、時の流れや、様々なスキルを身につけることで前向きに生きられるようになったこともあり、私の心情にも少しずつ変化が生まれました。

男への憎しみが消えたわけでは、決してありません。

しかし、憎しみを抱えたままでは、本当の意味で前に進むことはできない、と気づいたのです。

私はまず、これまで知ろうともしなかった男の人物像に向き合う必要があると思い、男の人生について少しずつ調べるようになりました。ただ、彼が三人の命を奪ったことは、私たち家族にとっては赦《ゆる》しがたい行為であり、それを受け入れることは非常に難しいことでした。

彼を「赦す」ということ自体に対する葛藤が私の内部で繰り広げられました。自問自答が交錯し、ときには自己否定の感情が湧き上がってきたこともあります。

「なぜ、私はこの男を赦そうとしているのか？」

「赦すことが私に何をもたらすのか？」

「赦すことで私は何を期待しているのか？」

その答えを見つけるのは容易ではありませんでした。

しかし、彼の過去や人生に対する理解が進むにつれ、彼がどれほど複雑で困難な状況に立たされていたのかが明らかになりました。父親による家庭内暴力、夢への挫折、孤独感、そして絶望。これらの要因が彼の心を苦しめ、最終的には彼を最悪の行為に駆り立てたのだと理解しました。

この理解は、私の心の中で新たな葛藤を生み出しました。彼を赦すことで私の心が解放され、穏やかになれるかもしれないという希望を得る一方で、彼に対する怒りや憎しみが依然として私の内部に存在し、それをどう乗り越えるかという葛藤が続きました。

そこで私は試しに男のことも供養してみることにしました。両親と妹の三人にお線香をあげるとき、男のこともついでに胸に思ってみたのです。

最初のうちは、やっぱり無理だ、受け入れられない、という思いが先に立ちました。「お釈迦様でもイエス様でもあるまいし、赦せるわけがないだろう」と、厳しい自分が主張します。

でも、もう一人の自分は「もし、この男を赦せたらすごいよ。そんな大きな人間になりたいよね」と説き伏せてくる。

「そんなの無理に決まってるだろ」と言う自分と、「だからこそ赦すことができたら、お前はすごい人間なんだよ」と言う自分の間で葛藤を繰り返すうちに、次第に私は「そんなすごい人間になってみたい、近づきたい」と思うようになっていきました。

そして、男を赦せた自分が私の「憧れの存在」になったのです。私は憧れの人間に少しでも近づくために、彼を赦してみようと本気で思いました。

すると、途端に私の目から大粒の涙があふれ出しました。それまで私を苦しめていた重荷がとれ、足枷《あしかせ》が外れ、心が浄化された気がしたのです。それは私自身が赦され、解放された証しだったのかもしれません。そして、その涙はあの男の心の解放でもあったのではないかと、いまはそう信じています。

赦すことは決して簡単な道ではありませんでしたが、それを乗り越えたことで私は大きく二つのことを学びました。

一つは、赦すことで自分自身が解放され、心が軽くなること。怒りや憎しみといった負の感情は、自分自身を苦しめ続けます。しかし、赦すことでそれらの感情から解放され、新たな可能性が広がります。

そしてもう一つは、赦すことで自己成長が促進されること。自分が乗り越えるべき困難な試練に立ち向かうことで、より強く、思いやりのある人間になることができます。


この経験は、私にとって新たな人生の始まりを告げるものとなりました。

赦すことは、新たな可能性を切り開く第一歩となります。過去の出来事に囚われず、前向きに未来を築くことができるのです。

過去は変えられません。しかし過去に起きてしまったことの意味を考え抜き、そのうえに新しい未来を築くことはできるはずです。

神様はきっと、乗り越えられない試練は与えない。

あの事件を、きっと乗り越えてみせよう。自分の人生を取り戻し、自らに与えられた役目を果たせるような生き方をしていこう。そして心豊かな人間になり、社会に貢献できるような存在になっていこう——。

そんな心境に達したのは、事件から三年以上が過ぎたころでした。

この間、私が通過した三段階の心理プロセスを整理しておきます。

●第一段階……過去を受け入れる

過去は変えられない。起こった出来事を受け入れ、過去に縛られずに前向きに生きることを意識する。

●第二段階……怒りや憎しみに囚われない

怒りや憎しみを抱き続けることは、前に進む障害になる。赦すことで憎しみを手放し、心の軽さを取り戻す。

●第三段階……前向きな信念を持つ

乗り越えられない試練は与えられないという信念を持つ。前向きな考え方が新しい未来を創り出す力となる。

ありのままの自分を受け入れ、自分も人も赦し、前向きな信念を持つこと。

これが、人生を切り替え、最高の未来へ向かう道しるべになります。

付録▼最高の未来を切り開くために役立つ、小さなスキル

◉新しいことを始める

人は新しいことを始めるとき、まるで冒険の始まりのように感じ、どこか心が躍るものです。日常のルーティンから解放され、期待と興奮で胸がいっぱいになるときもあります。新しい経験は視野を広げ、未知の領域へと導いてくれます。

新しい趣味やスキルを学ぶことは、人間関係を広げる絶好のチャンスになると同時に、自身の成長と進化のプラットフォームにもなります。新しいことを始めるには多少の勇気も必要ですが、それが自己肯定感や自信をもたらすこともあるのです。

◉人生の「遊び」を見つける

仕事や家事に追われ、それでも何とか予定をこなし、綱渡りのような毎日を送っている人は多いはずです。しかし、アクセルに一定の「遊び」がないと急加速のリスク

が生じて危うくなる車と同じように、人生のスケジュールにもある程度の「遊び（余白）」がないと、いつか息切れしてしまいます。

余白があれば、十年ぶりの同窓会を欠席しないで済むかもしれない。一年ぶりに映画館に潜り込んで至福のひとときを過ごすことができるかもしれない。スケジュールの余白というのは「無計画」ではなく、「賢明な計画」です。

時間に追われる毎日から一歩、身を引き、人生の「遊び」を見つけることができれば、新しい視点やインスピレーションを得ることができるかもしれません。スケジュールの余白とは、時間の奴隷にならず、自分らしい生き方を保つための安全弁なのです。

◉快、不快の感情を大切にする

人間は感情豊かな生き物であり、その感情が行動や決断に大きな影響を与えます。

嫌なもの、不快な状況に直面したとき、人は自然とその状況から遠ざかろうとします。逆に心地よい、楽しいことには喜んで取り組みます。「快」と「不快」の感情は、人間を動かす動力源になり、人生の羅針盤として機能するのです。

人生の大きな目標を立てるときにも、この二つの感情を軽視せず、むしろ大切にすることが今後の取り組みを長続きさせることができるかどうかを決める重要な要素になります。

ただし、ときには「嫌だけど必要」と感じる目標も現れます。そんなときには、その目標がなぜ必要なのか、どのような価値があるのかを探求することが重要。それが不快な感情をも乗り越えられる力となるからです。

◉五分間の雑巾がけ、トイレ掃除をする

日常生活で意外と見過ごされがちな時間が、家事の時間です。窓拭きやトイレ掃除、床の雑巾がけ。一日五分の単純作業が、実は心のリフレッシュタイムになるものです。

頭の中の雑念が取り払われ、集中力が増します。汚れと一緒に、心の中の余計なものやストレスも洗い流され、まるで心のデトックスのように感じられることもあります。

たった五分で、家も心もピカピカになるわけですから、時間をかける価値は十分にあります。作業に集中することで、心の平穏を取り戻すことができるので、私にとって掃除は、瞑想やマインドフルネスの練習にもなっています。

◉無理なコミュニケーションはとらない

人間関係はときに大きなストレスをもたらします。とくに、肌合いや意見が合わない人とのコミュニケーションは、精神的な負担になりがちです。

解決策はシンプルです。苦手な人とは付かず離れずの一定の距離を保つこと。これにより、トラブルを未然に防ぎ、自身の精神的な安定を保つことができます。そして、距離を保つことで別のポジティブな関係を築く余裕も生まれます。

無理をしてまでコミュニケーションをとる必要はありません。むしろ自らの心の平和と安定を優先し、良好な人間関係を築くためのスペースをつくっておくことが大切です。

◉「ライフタイムライン」をつくる

人生を立て直そうと心に決めたとき、私は一番古い記憶から現在に至るまで、身の回りにどんな事柄が起き、自分は何をしてきたのかをすべて書き出した「ライフタイムライン」をつくりました。私の「人生年表」です。

記憶をたどっていくと大昔に感じた喜びや成功体験が蘇り、困難や挫折を味わったときの苦味も込み上げてきました。

この作業は、自分自身を深く知るための冒険であり、過去の自分と向き合い、経験から学び、現在の自分をより良く理解する手助けとなります。さらに、未来への道しるべにもなります。過去の経験で学んだ教訓や気づきを活かし、今後の人生の方向性を見つめ直すことができるからです。

第4章

自律神経を整え
心を回復する

自律神経の改善が心の回復に大きな影響を及ぼす

自律神経のバランスを整えることは、心と体の両面の健康に寄与すると私は確信しています。

自律神経とは、人間が活動するときにアクセルの役割をする「交感神経」と、休養やリラックスをするときにブレーキの役割をする「副交感神経」のこと。基本的にすべての臓器は、この二つの神経のバランスによって調整され、機能しています。そのため、自律神経のバランスが崩れると、心身ともに不調をきたしてしまうのです。

交感神経が過剰に活動すると、体全体が緊張してアラート状態が続きます。事件直後の私は常にこの状態であり、体はぼろぼろ、心の回復力も著しく低下していました。

私はカイロプラクターとして二十年の経験を持っています。この長い期間にわたり、三つの院を運営し、一万人以上の患者さんに対して八万四千回以上の施術を行ってきました。カイロプラクティックとは、骨格の歪みによって自律神経の通り道が圧迫された状態を手技によって整える治療法のこと。カイロプラクティックによって体のアライメントや姿勢のバランスが整うことで、メンタルヘルスやストレス耐性が向上するのを私自身が体験しています。

さらには、家族三人の命を奪われるという稀有な体験もしており、ストレスにさらされた心身を回復させる過程で、いかに自律神経を整えることが大切かを身をもって学びました。

私はこの経験を活かして、逆境やストレスに直面している患者さんにも、自律神経と心の回復についてのお話と、自律神経のバランスを整えるための施術を行ってきました。施術を受けた患者さんから、施術後の体の安定感や心の落ち着き、さらには生活の質の向上について感謝の声を聞くことが多々あります。また、ストレスにさらされたときも、以前よりしっかりとしたメンタルで対応できるようになったというお話も聞いています。

このように、自律神経のバランスを整えるためには、カイロプラクティックによる体へのアプローチも効果的ですが、日常生活で気をつけられることもたくさんあります。

その一つが「五感を満たす」こと。

日頃から、五感を満たしてあげることで、心身の健康を維持し、日々の暮らしに小さな幸せを感じられるようになります。それが結果的に「心の回復力」を高めてくれるのです。

私が実践している「自律神経を整える、五感の満たし方」をご紹介します。当たり前のことばかりですが、この「当たり前」を意識することが、ストレスから心身を守る最大のコツなのです。

大好きな人と美味しいものを食べる

美味しいものを食べることは、五感を満たす方法の中でも、もっともおすすめです。大好きな友人や恋人と一緒なら楽しみも倍増します。

食材を買うときには原材料をよく見て、なるべく無農薬・オーガニックの商品を選びます。自然が生み出したもののほうが、たくさんのエネルギーを持っているからです。また、添加物の摂取を極力減らすことが、健康な人生につながるポイントだと思います。

そして、なるべく旬のものを食べる。そのほうが、より多くのエネルギーを自然から受け取ることができます。

体は生涯、自分の魂を動かし続ける大切な乗り物です。「まがい物のガソリン＝悪い食べもの」を入れていたら、エンジンのパフォーマンスが落ち、もしかしたら途中でエンストを起こしてしまうかもしれません。人生という車を最後まで元気に走らせ続けるためには、「良いガソリン＝良い食べもの」を補給したいと私はいつも思っています。

コーヒーを淹れて「無」になる

嗅覚を刺激し、心身を整えるのに効果があるとして、アロマを焚く方法がよく知られています。自宅にすでにアロマの道具があれば、確かにいい方法だとは思いますが、わざわざ買いに出かけなくても、私はコーヒーでも十分、同様の効果が得られると思います。ようは、自分がリラックスできる香りを用意すればいいのです。

私は以前、コーヒーが苦手で飲めなかったのですが、二店目のカイロプラクティック院を開業したときにスタッフからお祝いとしてコーヒー豆をもらいました。初めてドリップして飲んで以来、その豊かな香りに魅入られてしまいました。

その後、コーヒーの生豆専門店に豆を買いに行くようになり、焙煎機にかけてもらったとき、その芳醇な香りにすっかり心を奪われてしまったのです。焙煎してもらった豆を自宅に持ち帰り、ガリガリ挽くときに出る香りもたまりません。注いだお湯が落ち切るまで待つ時間は、ちょうどいい具合に、自分を「無」にしてくれる感じがします。手間暇はかかりますが、心を落ち着かせ、幸せなひとときへと導いてくれる私にとってのマインドフルネスの一つです。

匂いは特定の記憶とも結びついています。私の場合、コーヒーの香りをかぐと、力とやる気が湧いてくるのは、豆を挽いて飲むようになったのがあの事件から立ち直ろうともがいていたころだったからでしょう。悲しみの底から這い上がっていったころの記憶と結びついていて、どこか心地よい波動、立ち上がっていこうとする気運を感じるのです。

励ましてくれる音楽を聴く

誰しも心に沁みる音楽、過去の美しい思い出を引っ張り出してくれる曲を持っていると思います。

悲しいときに聴くと必ず涙が出る音楽もある一方で、勇気をもらったり、励ましてくれたりする曲もあるでしょう。音楽は私たちの心に直接語りかける力を持っている、人の心に響く素晴らしいアートフォームなのです。

それは私たちが感じる様々な感情や状態を表現し、共有もできる強力なツールだからではないでしょうか。心が折れそうなときや気分が沈んでいるときに、励ましてくれる音楽を聴くと、心のリフレッシュと再生の時間となります。そのメロディが心を包み込み、慰めてくれるのです。

音楽は、その旋律と歌詞を通じて私たちに力を与え、新たな視点を提供してくれることもあります。親しい友人が優しく背中を押してくれるような感覚です。

力強いリズムや歌詞が、勇気と前向きな気持ちを取り戻させてくれるかもしれません。

音楽は心を豊かにし、様々な感情を呼び起こす力を持っています。だからこそ、私は落ち込んだときに聴く音楽を日頃から決めています。心の安定と回復を図るための手助けになる素晴らしい方法だからです。

生き物と一緒に生きる

私が営むカイロプラクティック院の看板犬、モモコのそばにいると、自分がたちまち癒されていくのがわかります。

じっと私を見つめるその瞳に深い絆と信頼を感じ、温かい毛並みをなでるだけで心が穏やかになります。日頃のストレスや疲れを忘れ、小さな幸せを感じることができるのは、ペットが無条件の愛を見せてくれるからです。

犬やネコを飼うのが難しい場合には、植物でもいいと思います。草木との共生も心に安らぎと癒しをもたらしてくれます。花が静かに成長し、季節ごとに美しい姿を見せてくれる様子を見守っていると、自然のリズムと調和を感じ、自分の心もリセットされるのを感じます。

生き物と一緒に生きることは、私たちもまた自然の一部であり、生命の循環の一片であることを思い出させてくれます。同じ時を生きる命として共鳴し合い、互いに力を与え合う存在である、という真理を垣間見せてくれるのです。

カラフルな色、自分が好きな色の力を借りる

落ち込んだとき、私は黄色のトレーナーを着たり、パステルカラーのシャツを身に

まとったりすると気分が上がります。

色には、ただ人の目を楽しませるだけではなく、心にも影響を与える力があるからです。色の力を利用して心のバランスを整え、気分転換を図る方法を「カラーセラピー」と言います。

気分が沈んでいるときやエネルギーが不足していると感じるときに、明るく元気な色を取り入れることで、心地よい刺激を受けることができます。

たとえば、黄色は太陽のような明るさと暖かさを象徴し、積極性や希望を感じさせる色とされています。ピンクなどのパステルカラーは優しさと安心感を与え、心を穏やかにします。

好きな色、その日の気分に合わせた色を服や小物に取り入れれば、気分が上がり、一日をポジティブに過ごす助けとなります。

心惹かれる色や、勇気や元気を感じる色など、自分だけのラッキーカラーを見つけるのも楽しい方法です。私の場合、茶色、栗色、金色がそうです。安定感があり、落ち着きややる気をもたらしてくれます。

色を取り入れるものは服だけに限りません。インテリアや文房具、食器など、日常生活の様々なアイテムにカラフルな色を取り入れることで、毎日の生活がより楽しく、豊かになります。

夜のひとときを柔らかい照明で過ごす

夜が訪れると、私の心と体は一日の疲れを癒し、リラックスする時間を求めます。そんなとき、白い光を放つ蛍光灯の下で過ごすより、オレンジ色で暖かみのある白熱灯の下で過ごすほうが、心が落ち着き、安心感を得られます。

蛍光灯はときに冷たく、無機質な印象を与えるだけでなく、白い光は昼間の太陽の光なので、脳を活性化させる交感神経を優位にさせてしまいます。

逆に暖色の照明は、副交感神経を優位にする夕方の太陽の光。くつろげるのはもちろん、心地よい環境をつくり出し、夜のひとときを少し贅沢で特別なものに変えてくれます。

私は寝る前、部屋全体を照らすシーリングライトを消して、間接照明をつけて過ごしています。よりリラックスした、心地よい空間をつくり出すことができるからです。カーテンの色にも気をつけています。カーテンも、青白い系統より暖色系のほうがリラックスできます。

こうして柔らかい照明の下で夜のひとときを過ごし、心と体を癒し、新しい一日を迎える準備をします。この小さな変化が、自律神経を整えると同時に、毎日をより満足のいくものに変えてくれるのです。

腹の底から大きな声を出す

私は趣味で、詩吟をやっていたことがあります。師匠からは緑風《りょくふう》という吟号をいただきました。

始めたのは三十代半ばを過ぎてから。きっかけは、人前で堂々と話ができるような度胸をつけたい、という単純なものでした。

人前に立つと、緊張のせいか声が震えてしまっていたからです。考えていたことを十分に話すことができない情けない場面が何度かあり、これではいけない、もっと自分に自信をつけよう、と思ったのです。

詩吟では腹の底から大きな声を出すため、体内からエネルギーを放出していることを実感できます。これが人間にとって大事なことなのだと確信したのは、練習を終えたあとに心がすっきりと晴れ、気分爽快になったからです。

いざ詩吟の大会に出て、何百人もの聴衆を前に吟じると、さすがに震えがくることありましたが吟じ終えたあとは、「あー、自分にもできるんだ」と少し自信がつきます。

会場を見渡すと、ほとんどが六十代、七十代の大先輩ばかり。みなさん背筋がピンと伸び、声にも張りがあって、堂々としておられます。大きな声を出す毎日から生まれる健康なのですね。

高校野球でも「声出しが大事だ」と、よく言われます。単なる言葉の伝達なら、大声を出す必要はないはず。大きな声にはきっと、情報の伝達にとどまらない「何か」が乗っかるのです。その人の意欲かもしれないし、誠実さ、信念かもしれません。ムニャムニャとした発声では伝わらない「何か」がプラスされて伝わるのです。

カラオケでも十分です。日々の暮らしの中に、大きな声を出す時間をつくり、自分の中からいいエネルギーを発していけば、気持ちも明るくなっていくはずです。

やっていることは同じでも、視点が違えば見え方も捉え方も変わってきます。
その典型的な一例が、「何もしない日」です。

「今日は何もしない日」をつくる

「今日は何もしなくて、もったいなかったな」と嘆くのは、その日一日を単に怠けただけの後悔であり、結果論です。

そういう心境に陥るのが嫌だったら、最初から「今日は何もしない日」と決めておけばいいのです。そうすれば、無為の一日を過ごすことが目標を達成することになり、罪悪感が生まれることもありません。むしろ、心が晴れ晴れとしてくるでしょう。小さな目標であっても達成できれば、とても気持ちがいいものだからです。

同じ「無為の一日」でも、心の持ち方一つで一日の価値が大きく高まります。無為に過ごしてもストレスを感じず、むしろ何かに手をつけただけでプラスの一日と感じることができるのです。

背筋を伸ばして上を向いて歩く

心と体は、やっぱりどこかで、つながっているんだな——。

カイロプラクティックを仕事としていると、そう感じる瞬間がよくあります。

たとえば、胸を張って歩いている人は、見た瞬間にすぐ違いがわかります。やる気がみなぎっている、というのが伝わってくる。湖で石を投げたら波紋が広がるのと同じように、背筋を伸ばし、胸を張っている人はいつも大きな波紋を周囲に拡散しながら歩いているのです。

一方で、すぐネガティブな話、落ち込んだ話を始める人はたいてい、姿勢が悪かったり猫背だったりします。背中が丸まっていると、どうも心まで丸まってくるようです。

「背筋をピンと伸ばし、上を向いて、はい、落ち込んでください！」

そう言われて落ち込むことができる人は、まずいないでしょう。

「顎を上げ、スキップをして、はい、暗くなって！」

と言っても、暗くなれるわけがありません。

心と体は、命を燃やす人生の両輪です。だからこそ私は背筋を伸ばし、気分を上げて、文字通り「胸を張って」生きていきたいと思うし、みなさんにもそのように生きていってほしいと思うのです。

付録▼自律神経を整える、小さなアクション

◉規則正しい生活を送る

夜遅くまでずるずると起きていると、人はついネガティブなこと、よからぬことを考えてしまうものです。

夜更かしは、心と体のリズムを乱すもと。「夜十一時には寝る」というように、自分の就寝時間を決めておけば、生活に一定のリズムが生まれ、朝も爽やかに目覚めることができます。

◉寝る前に穏やかなストレッチをする

寝る前にゆっくりと深呼吸をしながら行うストレッチは、心地よいリラクゼーション効果が期待でき、深い眠りへと導いてくれます。肩や首、背中など、日常のストレスがたまりやすい部位を中心に行うと効果的です。

数分間のストレッチで今日の疲れを癒し、明日を迎える準備を整えることができます。

◉湯舟に浸かって体を温める

どうしようもなく落ち込んだり、ストレスがたまっていたりすると、自律神経が乱れがちです。

そんな日はシャワーで済ませずに、ゆっくりとお風呂に入って、心と体の両方を整えます。ぬるめのお湯に浸かり、下半身を中心に温めることで体の芯から温まり、冬場でも湯冷めしにくくなります。

アロマオイルやバスソルトを使えば、心地よい香りが空間を満たし、さらにリラクゼーション効果が高まります。

サウナや温泉はさらに効果絶大。体温が上がれば免疫力も向上し、心地よい疲労感が心をリラックスさせ、深い眠りをもたらしてくれるのです。

◉肌触りの良い寝具で眠る

私がもっとも安らぎを感じるのは、柔らかく肌触りの良い寝具に包まれて眠りにつく瞬間です。陽光の匂いをたっぷりと吸い込んだ布団なら、より心安らかに眠れます。

寝具の選び方にも気を配っています。素材や織り方によって肌触りが異なり、睡眠の質に影響を与えるからです。シルクや高品質のコットンは肌に優しく、リラックス効果が期待できます。季節に合わせて寝具を替え、眠りに最適な環境をつくっています。

睡眠は心と体をリセットし、エネルギーを充電する貴重な時間です。質の良い睡眠によって、幸福度はアップします。

◉心拍数を数える

自分で自分の心拍数を数えるのは、自律神経を整えるのにとても役立つ便利な方法です。

事件直後、私は軽いパニック状態になることがありました。そんなとき、まずは落ち着いて姿勢を正し、自分で脈をはかっていました。一、二、三と脈をはかることに集中することで、意識が切り替わり、不思議と落ち着いていきます。

緊張しているときや、瞑想したいときなどにも、この方法を応用することができます。その結果、自律神経も自然に安定してくるのです。

◉ベッドにスマホを持ち込まない

スマホの画面から発せられる青い光は、私たちの脳に「まだ昼間だ」という信号を送り、メラトニンという睡眠を誘うホルモンの分泌を抑制します。これが、質の良い睡眠を妨げます。さらに、スマホは電磁波を放出するため、長時間近くに置いておくことによる健康への悪影響も懸念されています。

私は寝る前の一時間、スマホを手放し、読書や音楽鑑賞でリラックスする時間にあてています。「デジタル・デトックス」が心と体をリラックスさせ、深い眠りへと誘導してくれます。

また、スマホをベッドから遠ざけることで、つい手を伸ばしてSNSをチェックしたり、メールを確認したりする誘惑から解放されます。これだけで、翌朝、目覚めたときの心地よさがまったく違います。

そして、スマホを手に取る前に窓を開けて新鮮な空気を吸い込み、一日の始まりを心地よく迎えるのです。

あとがき

二〇〇三年に起きたあの事件から、ちょうど二十年。

私は二〇二三年、命を奪われたときの母と同じ四十八歳になりました。

母の享年に肩を並べるまであと二年、あと一年と年齢が近づくにつれ、私は「母はこんなに若くして旅立ったのか」と実感し、どこか焦りにも似た感覚を覚えるようになりました。人生の残り時間がいかに貴重なものかが、身に迫ってくる思いがするからです。

自分はいま、やれることを、やれているだろうか。

なすべきことを、なしているだろうか。

母の年に並んだいま、もう、うかうかしてはいられない、と思うのです。

残念ながら、ストーカー殺人事件はその後も、各地で頻発しています。二〇二三年には、一月にＪＲ博多駅前の路上で、女性が元交際相手の男に刺殺されるショッキングな事件が発生。六月には、私の職場からも遠くない横浜市鶴見区のマンション敷地内で、女子大生が元交際相手に包丁で刺され、死亡する事件がありました。

こんな痛ましいニュースを耳にするたびに、私の胸には妹が巻き込まれた事件が蘇ってきます。そして、被害者の無念はもちろん、残されたご家族の深い悲しみまでが強く響いてきます。

事件のあと、散々考え抜いた私は、こんな結論にたどり着きました。

人間の性格を変えることは難しくても、考え方は工夫次第で変えられる――。

私は様々な工夫をこらし、言葉をコントロールして、考え方から生き方まで、大きく変えてきました。これを「人生の切り替え」と呼ぶとすれば、私が実践し、本書でもご紹介した様々なスキルがみなさんにも大いに役に立つはずです。

ただ、切り替えのタイミングについては、本人が決めるしかありません。周りは促すことはできても、それ以上の干渉はできないし、してはならない。自分の人生を決めるのは自分自身だからです。

その大きな決断をするとき、人にとって一番大事な要素は、「素直である」ことだと私は思います。頑固一徹だと、なかなか変化を受け入れられないからです。私自身がそうでした。

最初はどうしても、あの事件がもたらした現実を受け入れられず、「悪い夢であってほしい」と毎日願っていました。朝起きては、「夢じゃなかった」と嘆く。そしてすべての原因をつくった男を憎み、恨む。その繰り返しでした。

あのままだったら、つらい現実を受け止められず、被害者意識をいつまでも胸に抱えたまま、私はネガティブな感情をずっと抱き続けたはずです。その後、どんな人生を送ることになったか。想像するだけでも恐ろしい。

でも私は、すべての出来事を受け入れ、自分が成長するための糧として肯定的に捉えることにしました。そうすることで、しなやかで大きな心を持ちたいと願ったからです。

素直になって、いったんはすべてを受け止めてみる。すると、その中から自然と、受け入れるべきものが見えてきます。そのとき、心は広がり、人としても成長し、明るい未来が開けてくるのです。

この本では、前を向くためのポジティブ思考、言葉の力、心の回復力を高めるスキル、自律神経の調整など、逆境を乗り越え新しい人生に踏み出すための具体的な方法をご紹介しました。

私自身が困難の中で会得し、実践してきた知識が、あなたの内なる成長と変革を促し、素晴らしい未来を築くための一助となれば幸いです。

私のカイロプラクティック院には毎日、多くの患者さんが訪れます。原因のわからない痛みに苦しむ方々の声に耳を傾けると、実は心の傷が痛みの源になっているケースも多々あることに気づきました。

患者さんのお話を聞くことで、「悩みを抱えているのは私だけではない」と思えたのと同時に、

「健康な日々を送るためには、体だけでなく、心のトレーニングも必要」

ということに気づいたのです。

以来、患者さんを含め多くの方の悩みに寄り添い、挫折から立ち直るためのコーチングをするまでになりました。

いま、改めて思うのは、逆境こそが自分の中に眠っていた新しい力を見つけ、最高の自分に更新する転機になるということです。いまがどんなにつらくても、あきらめず、前に進み続ける限り、最高の未来は確実に訪れます。

「あなたの人生」の主役はあなた自身です。

そして、私はあなたの幸せを全力で応援します。ともに歩み、成長し、大切な故人

に誇れるような人生を送りましょう！

二〇二四年二月

伊藤　勇

心を整える学び舎

心で思った通りの人生になる

●

やりたいことはわかっている
それなりに行動もしている
でも、結果が伴わない
だから未来も不安になる

自分の未来が不安なのはあたりまえ。
だからこそ未来を見る力は必須です。

あなたがこれまでに体験したこと、乗り越えてきたこと、
それらが「あなたを輝かせてくれる強力な力」に
なることを私は知っています。

そろそろあなたの力を社会で役立てませんか？
私でよければ、全力であなたを強力に
バックアップいたします。

公式サイト　https://minagiru.site/

プロフィール

伊藤　勇　いとう・いさみ

1975年、神奈川県横浜市生まれ。

株式会社みつば代表取締役。「心を整える学び舎」主宰。

米国NLP協会認定NLPトレーナーassociate、カイロプラクティックドクター。


2003年6月、父・母・妹の家族3人の命を奪われる。殺された妹の元婚約者だった犯人はその場で自殺。強烈な憎しみと苦しみをどこにもぶつけられず復讐心に苛まれる。さらに連日の心ないマスコミの取材攻撃に心身は疲労。しかし、「どんな時も自分の味方をしてくれた両親、可愛かった妹、家族3人の死を無駄にしたくはない」という強い想いから、「幸せになって、同じように苦しむ人を助ける」という自身の使命にたどり着く。使命をまっとうするためのヒントを求めて片っ端から本を読み漁り、米国カリフォルニア州立大学で心理学を学んだ数学者リチャード・バンドラーと言語学の助教授であったジョン・グリンダーによって提唱されたNLP(神経言語プログラミング)に出会う。カイロプラクター、メンタルトレーナーとして、これまで1万人以上の患者さんの心身のケアに寄り添ってきた。自らの経験を多くの人にシェアするため「心を整える学び舎」を開校。

家族3人を殺された私が、
憎しみを乗り越えた方法

2024年2月5日　第1刷発行

著　者　伊藤 勇
発行人　見城 徹
編集人　福島広司
編集者　鈴木恵美

GENTOSHA

発行所　株式会社 幻冬舎
〒151-0051　東京都渋谷区千駄ヶ谷4-9-7

電話　03(5411)6211(編集)
03(5411)6222(営業)
公式HP:https://www.gentosha.co.jp/
印刷・製本所　中央精版印刷株式会社

検印廃止

万一、落丁乱丁のある場合は送料小社負担でお取替致します。小社宛にお送り下さい。本書の一部あるいは全部を無断で複写複製することは、法律で認められた場合を除き、著作権の侵害となります。定価はカバーに表示してあります。

© ISAMI ITO, GENTOSHA 2024
Printed in Japan
ISBN978-4-344-04236-0　C0036

この本に関するご意見・ご感想は、
下記アンケートフォームからお寄せください。
https://www.gentosha.co.jp/e/